Whoopies

55 RECETAS DE MINI ALFAJORES PARA SORPRENDER

Este libro es para mi dulce Olivia.
Quiero agradecer a mi marido, Dario,
por acompañarme en esta aventura Whoopie.
Por ser mi guía y mi compañero ideal.
Gracias también a mi madre, Mercedes,
por enseñarme a ver todas las cosas bellas de la vida.
Gracias Mamá, sos las alas de mi corazón. Te quiero.
Un enorme gracias a todas las mujeres que forman parte de mi vida,
especialmente a todas aquellas que me dejaron hurgar en sus alacenas
para encontrar pequeños tesoros para mis fotos, Paulette, Ines y Silvia.
Y especialmente, gracias a mi editor Felipe Viñals
por darme la oportunidad y por confiar en mí para este proyecto.

Introducción

Mi nombre es Virginia Sar y soy la autora del blog culinario Divino Macaron. Hoy quiero invitarte a conocer y a aprender a preparar las deliciosas Whoopie Pies. "Whoopie!" es una expresión de felicidad.

Eso, según cuenta la leyenda, exclamaban en los Estados Unidos del siglo pasado los granjeros y niños Amish al momento de descubrir estos apetitosos dulces en el fondo de sus loncheras. Es que, tradicionalmente, estos dulces eran preparados por las mujeres de los granjeros con los sobrantes de masa de las tortas.

Más allá del lugar geográfico en que fueron inventados, lo que realmente importa es que estos pequeños pasteles son realmente deliciosos y admiten miles de variantes. Compuestos por dos tapas de esponjosa torta y un relleno dulce y cremoso, se están convirtiendo en las favoritas de todos. No son galletitas, no son cupcakes, no son macarons, ¡son Whoopie Pies! Y lejos de ser pretenciosos, son ricos y fáciles de hacer.

Ideales para armar mesas dulces, tanto para cumpleaños de chicos como para fiestas de adultos o para una simple merienda. Después de largos años de formar parte de la cocina tradicional de Nueva Inglaterra y alrededores, por fin estos pequeñines se están dejando probar por el resto del mundo.

Apenas respetando algunas técnicas básicas y usando ingredientes de buena calidad, podrás hornear increíbles y deliciosas whoopies en unos pocos minutos. Las recetas de este libro son reinterpretaciones y combinaciones propias pero, una vez que te sientas cómodo con la sencilla técnica, podrás crear tus propias recetas. La imaginación es el único límite a la hora de inventar nuevos sabores de Whoopie Pies.

Virginia Sar

Utensilios

1 BATIDORA ELÉCTRICA

Es ideal para lograr un cremage perfectamente liso y liviano, de ser posible con pala y pie.

2 BATIDORES DE MANO

Los batidores de mano son muy prácticos para integrar algunos ingredientes muy volátiles, como por ejemplo azúcar impalpable.

3 ESPÁTULAS

Las espátulas de silicona son fundamentales para bajar la masa de los bordes del bol mientras batimós y para retirar la masa y transferirla a las mangas de repostería. También son prácticas para integrar ingredientes como por ejemplo chispas de chocolate o confites.

4 CUCHARAS DE MEDIR

En las recetas de este libro las cucharas de medir se utilizan en el uso de polvo de hornear, bicarbonato y cacao. Pero pueden ser reemplazadas así: cuchara de café (1/2 cucharadita) cuchara de té (1 cucharadita) cuchara sopera (una cucharada)

5 BOLS

En la mayoría de las recetas de este libro usaremos dos bols, si fueran de acero mejor, pero los de loza o cerámica también sirven.

6 BOQUILLAS PARA MANGA DE REPOSTERÍA

Las boquillas lisas serán usadas tanto para las whoopies como para los rellenos y las rizadas serán ideales para los rellenos.

7 MANGAS DE REPOSTERÍA

En el caso de utilizar mangas, siempre recomiendo mangas descartables, tanto por su practicidad como por higiene.

8 CUCHARA PARA HELADOS

Existen muchos tipos de cucharas para helados, pero las más prácticas en este caso, son las cucharas que tienen arrastre como la que se ve en la foto.

9 REJILLA DE ENFRIADO

Este utensillo es indispensable a la hora de hornear whoopies y cualquier tipo de cookies, ya que deberán dejarlas enfriar aireadas, para que no se apelmacen y mantengan su textura.

10 PLACAS PARA HORNO

Es recomendable usar placas rectangulares y de bordes bajos.

11 PAPEL MANTECA

Es indispensable usar papel manteca, ya que de lo contrario las whoopies se pegaran a la placa y no podremos despegarlas.

Técnicas

1 Existen muchas formas de hacer whoopies, pero después de más de un centenar de whoopies horneadas, puedo decir, que la mejor forma de lograr unas perfectas es con la ayuda de una cuchara para helados con arrastre (las que son como una pinza) o con la de una manga con boquilla lisa n° 14. Así podrás lograr whoopies perfectamente redondas y con forma de domo, la característica principal de estos dulces.

2 Las whoopies están hechas a base de un *cremage* de manteca y azúcar. Se llama *cremage* a la técnica de batido o emulsionado de estos dos ingredientes para lograr una pasta clara y suave. Una batidora eléctrica, de ser posible una con pala de batir, resulta indispensable para lograr el *cremage* más fino y liviano. Es conveniente que los ingredientes estén a temperatura ambiente, especialmente la manteca, que usaremos siempre a punto pomada.

3 Si te olvidaste de sacar la manteca de la heladera un par de horas antes, mi secreto es cortarla en cubos pequeños y llevarla al microondas unos pocos segundos, cuidando que no se vuelva líquida; de lo contrario no servirá. Los huevos y la leche también deberán estar a temperatura ambiente.
Por otro lado, siempre conviene cernir los ingredientes secos, esto para filtrar impurezas y para que, al momento de integrar a los húmedos, no se formen grumos.

4 Un punto a tener en cuenta a la hora de hornear whoopies es su tamaño, dependiendo de la receta elegida. Para esto, es recomendable marcar el dorso del papel manteca con lápiz y la ayuda de un cortante redondo. De esta forma, si utilizás una manga, todas las whoopies saldrán del mismo tamaño. Si, en cambio, usás una cuchara para helados mediana, obtendrás whoopies de unos 6 cm de diámetro; la cuchara chica será ideal para lograr mini whoopies de 2,5 cm de diámetro.

5 Es recomendable utilizar placas para horno de bordes bajos y forma rectangular. Otro punto a tener en cuenta, es hacer un número par de tapas por horneada, ya que las whoopies se arman de a pares. Las recetas de este libro requieren dos placas para horno de 20 x 30 cm aproximadamente, dependiendo del tamaño de whoopies deseado. Una vez fuera del horno, y transcurridos unos minutos, transferí las whoopies a rejillas de enfriado para lograr una textura más aireada y que no se apelmacen.

6 Para rellenar las whoopies, podés usar dos cucharas o un cuchillo para untar, ambos sirven si no querés un aspecto demasiado prolijo. Pero para lograr el relleno perfecto y más abundante, lo mejor será que uses una manga de repostería con boquilla lisa y ancha n°14. Siempre recomiendo usar mangas descartables, para mayor practicidad e higiene.

7 Las tapas de whoopies sin rellenar pueden guardarse en freezer durante un mes (salvo indicación específica de la receta). Se guardan en recipiente hermético separadas en capas con papel manteca. Para descongelar, solo basta dejarlas a temperatura ambiente por 30 a 40 minutos. Esta comodidad en su conservación es muy práctica para preparar eventos con anticipación.

8 En pocas palabras, para preparar whoopies no es necesario tener herramientas demasiado especificas, pero si deseás mayor precisión deberás contar con uno o dos bols de acero, un batidor eléctrico, manga de repostería, cuchara para helado, placas para horno, papel manteca y una rejilla de enfriado.

Cremas

Cremas

Merengue

Para una taza de merengue

INGREDIENTES
- 2 claras
- ½ taza de azúcar

PREPARACIÓN
1. Colocar las claras y el azúcar en un recipiente metálico a baño de María.
2. Cuando el azúcar se haya disuelto, retirar del baño de María y batir hasta que la preparación tome un color blanco perlado y se haya enfriado por completo.

Suero de leche

(Buttermilk)

INGREDIENTES
- 240 ml de leche entera
- 1 cda de vinagre
o jugo de limón

PREPARACIÓN
1. Colocar los ingredientes en un bol, mezclar con cuchara y dejar reposar 10 minutos.
2. El resultado será una especie de cuajo.
3. Utilizar sin colar.

Lemon Curd

Preparar con anticipación para que enfríe bien

INGREDIENTES
- Jugo y ralladura de 1 limón
- 4 yemas
- ¾ taza (180 ml) de agua
- 6 cdas de azúcar
- 1 ½ cda de fécula de maíz
- 1 cda de manteca

PREPARACIÓN
1. En una olla pequeña colocar todos los ingredientes menos la manteca.
2. Llevar a fuego medio revolviendo continuamente hasta que espese y hierva durante 1 minuto.
3. Retirar del fuego, incorporar la manteca y mezclar.

Nota: Puede conservarse en recipiente de vidrio esterilizado en heladera durante un mes.

Glasé real

Dependiendo del tamaño de la clara, quizás necesites agregar un poco más de azúcar para espesar

INGREDIENTES
- 1 clara
- 200 g de azúcar impalpable de buena calidad

PREPARACIÓN

1. Colocar la clara con una parte del azúcar en un bol y comenzar a batir.
2. Cuando la preparación vaya tornando color blanco, terminá de incorporar el resto del azúcar de a cdas.
3. Para hacer guardas o filigranas, colocar el glasé real en un cono hecho con un rectángulo de papel manteca (tomar desde una de las puntas el papel y enrollar para formar el cono, llenar con el glasé).

Glasé de leche condensada

Si el glasé fuera demasiado firme, agregá un poco más de leche condensada

INGREDIENTES
- 2 tazas de azúcar impalpable
- 80 g de manteca
- ¼ taza de leche condensada
- 1 cdta de extracto natural de vainilla

PREPARACIÓN

1. Colocar el azúcar en un recipiente mediano, dejar a un costado.
2. En una olla pequeña, fundir la manteca a fuego suave, dejándola dorar apenas, sin que se queme.
3. Incorporar la manteca al azúcar revolviendo con batidor de mano, inmediatamente agregar la leche condensada y la vainilla.

Cremas

Glasé de frutilla

*Si el glasé resultara muy líquido,
agregar más azúcar impalpable*

INGREDIENTES
- 1 taza de azúcar impalpable
- 2 o 3 cdas de agua tibia
- 1 gota de colorante rojo líquido
- 1 gota de esencia artificial de frutillas

PREPARACIÓN
1. Colocar el azúcar en un recipiente
mediano, comenzar a agregar el agua de a
poco, mientras se revuelve con un tenedor.
2. Incorporar el agua de a gotas hasta que
la consistencia sea la deseada, debe ser
espesa y cremosa.
3. Por último agregar el colorante y la
esencia. Utilizar de inmediato.

Crema de frambuesas

INGREDIENTES
- 250ml de crema de leche doble
- 6 cdas de azúcar
- 15 frambuesas frescas

PREPARACIÓN
1. En un recipiente mediano, batir la
crema con el azúcar a medio punto.
2. Incorporar las frambuesas pisadas
previamente con un tenedor.
3. Continuar batiendo hasta que forme
picos, cuidando que no se corte.

Salsa de caramelo

INGREDIENTES
- 150 g de azúcar
- 200 ml de crema de leche

PREPARACIÓN
1. En una cacerola, colocar el azúcar y
cocinar a fuego suave hasta que se forme
un caramelo rubio.
2. Cuando esté en su punto agregar
lentamente la crema, con cuidado, ya
que puede hervir de golpe. Mezclar para
homogeneizar.
3. Transferir el contenido a frascos
esterilizados mientras esté caliente.

*Nota: Se conserva hasta tres meses en
recipiente cerrado. Al momento de utilizar,
calentar a baño de Maria o 30 segundos en
microondas, para que tome la consistencia
de una salsa.*

Para la variación de caramelo

Luego de incorporar el azúcar, agregar
2 o 3 cdas de caramelo y batir.

Para la variación de frutillas

Luego de incorporar el azúcar, agregar
½ taza de frutillas picadas fino y batir.

Ganache de chocolate con leche

INGREDIENTES
- 200 g de chocolate picado
- 160 ml de crema de leche

PREPARACIÓN

1. Colocar el chocolate en un bol mediano. Reservar.

2. Calentar la crema a fuego medio en una olla pequeña. Cuando comience a hervir, volcar sobre el chocolate y dejar reposar unos minutos. Luego revolver hasta integrar por completo.

3. Entibiar a temperatura ambiente y refrigerar 40 minutos.

Nota: *para variaciones con chocolate amargo o blanco, simplemente reemplazar la cantidad de chocolate con leche por el elegido.*

Ganache de chocolate con dulce de leche

INGREDIENTES
- 100 g de chocolate con leche picado
- 200 g de dulce de leche repostero

PREPARACIÓN

1. Fundir el chocolate a baño de María.

2. Incorporar al dulce de leche de a cdas mientras se revuelve.

3. Revolver hasta integrar.

4. Dejar reposar en heladera por 40 minutos.

Nota: *para lograr una crema más oscura, agregar un poco mas de chocolate.*

Recetas

Whoopies porteñas de dulce de leche y nuez

Rellenas de dulce de leche, con un tope de chocolate blanco y nueces, las Porteñas son irresistibles.

INGREDIENTES

- 300 g de harina 0000
- 1 ½ cdta de polvo de hornear
- ½ cdta de bicarbonato de sodio
- 1 pizca de sal
- 50 g de nueces, picadas fino, más cantidad extra para decorar
- 125 g de manteca, pomada
- 165 g de azúcar
- 1 huevo, a temperatura ambiente
- 1 cdta de extracto de vainilla
- 150 ml de leche, a temperatura ambiente
- 1 taza de chocolate blanco para baño de repostería
- 1 taza de dulce de leche repostero, a temperatura ambiente

PREPARACIÓN

1. Precalentar el horno a 180° C. Forrar dos placas para horno con papel manteca o placa de silicona.
2. Cernir sobre un bol la harina, el polvo de hornear, la sal, las nueces molidas fino, el bicarbonato y reservar.
3. En otro bol mediano, batir la manteca y el azúcar hasta que se forme una pasta suave y esponjosa.
4. Agregar el huevo y el extracto de vainilla, mezclar bien.
5. Incorporar la mezcla de harina y nueces en tres adiciones, intercalando con la leche y comenzando y terminando con la harina.
6. Transferir la masa a una manga con boquilla lisa n°14 y formar botones de 3 cm de diámetro sobre el papel manteca, dejando 4 cm de espacio entre cada uno.
7. Cocinar en horno precalentado entre 12 y 15 minutos, girando la bandeja a los 8 minutos para lograr una cocción pareja. Las Whoopies estarán listas cuando comiencen a dorarse levemente o estén firmes al tacto.
8. Retirar, dejar enfriar por algunos instantes y transferirlas a una rejilla para que enfríen por completo.
9. **Para la cobertura:** Fundir el chocolate para baño de repostería a baño de María. Cuando se haya derretido, tomar una tapa y sumergirla en el chocolate sin dejarla caer. Debe quedar un reborde de 1 cm sin bañar. Repetir hasta haber cubierto la mitad de las tapas. Decorar con las nueces restantes, picadas groseramente, mientras el chocolate se conserve tibio.
10. **Para el relleno:** Colocar el dulce de leche en una manga con boquilla lisa n° 14. Tomar una de las tapas y hacer un copo generoso en el centro, cubrir con otra tapa a modo de sandwich, presionando suavemente.

Nota: *Podés Conservar refrigeradas en recipiente hermético hasta cuatro días, retirar algunos minutos antes de servir.*

Granola Whoopies

Nutritivas, saludables y energéticas, estas whoopies encierran todo el sabor y el crujiente de la granola. Son el snack ideal para las luncheras de los chicos.

INGREDIENTES

- 270 g de harina 0000
- 1 cdta de polvo de hornear
- ½ cdta de bicarbonato de sodio
- 120 g de manteca pomada
- 150 g de azúcar rubia
- 2 cdas de miel
- 1 huevo, a temperatura ambiente
- 1 cdta de extracto de vainilla
- 150 ml de leche , a temperatura ambiente
- 50g de pasas de uva sin semillas
- 50g de nueces, picadas groseramente
- 50g de avena arrollada
- 1 taza de frosting de queso crema, preparado con miel y una cdta de canela (ver receta en pág. 20)

PREPARACIÓN

1. Precalentar el horno a 180° C. Forrar dos placas para horno con papel manteca o placa de silicona.

2. Sobre un bol, cernir la harina, el polvo de hornear, el bicarbonato y reservar.

3. En un bol mediano, batir la manteca, el azúcar y la miel hasta que se forme una pasta suave.

4. Agregar el huevo, el extracto de vainilla y batir.

5. Incorporar la mezcla de harina en tres adiciones, intercalando con la leche y comenzando y terminando con la harina.

6. Por último, añadir las nueces, las pasas y la avena, revolviendo con espátula hasta integrar.

7. Con la ayuda de una cuchara, tomar porciones de masa y colocarlas sobre el papel manteca o la placa de silicona, dejando 4 cm de espacio entre cada tapa.

8. Cocinar en horno precalentado 12 a 15 minutos, girando la bandeja a los 8 minutos para lograr una cocción pareja.

9. Retirar, dejar enfriar por algunos segundos y transferir las whoopies a una rejilla de enfriado.

10. Para el relleno: Untar una de las tapas con frosting de queso crema, canela y miel, cubrir con otra de las tapas a modo de sandwich.

Nota: *Conservar refrigeradas en recipiente hermético hasta cuatro días, retirar algunos minutos antes de servir.*

Whoopies merengadas

Estas whoopies tienen el sabor de las meriendas después del colegio, cuando comíamos galletitas merengadas. Una masa de vainilla, el esponjoso relleno de frutillas y un toque de coco.

INGREDIENTES

- 300 g de harina 0000
- 1 cdta de polvo de hornear
- ½ cdta de bicarbonato de sodio
- 100 g de manteca pomada
- 160 g de azúcar
- 1 huevo, a temperatura ambiente
- 1 cdta de extracto de vainilla
- 150 ml de leche de leche, a temperatura ambiente
- 1 taza de crema de malvavisco, preparada con malvaviscos rosados claros
- Coco rallado, cantidad necesaria

PREPARACIÓN

1. Precalentar el horno a 180° C. Forrar dos placas para horno con papel manteca o placa de silicona.
2. En un bol mediano cernir la harina, el polvo de hornear, el bicarbonato y reservar.
3. Con batidora de mano, batir la manteca con el azúcar hasta suavizar.
4. Agregar el huevo y la vainilla y continuar batiendo por algunos minutos.
5. Bajar la velocidad y agregar la mezcla de harina y la leche, intercaladas en tres adiciones, comenzando y terminando con la harina. Batir algunos minutos adicionales hasta homogeneizar.
6. Cocinar en horno precalentado durante 12 minutos, girando la placa a los 8 minutos para que la cocción sea pareja.
7. Las whoopies estarán listas cuando estén doradas y firmes al tacto.
8. Retirar y dejar enfriar por algunos minutos, transferir las whoopies a rejilla de enfriamiento.
9. **Para el relleno:** Transferir la crema de malvavisco a una manga descartable con boquilla lisa n°14. Tomar una de las tapas y hacer un copo de crema generoso, tapar con otra whoopie y hacerlas rodar por el coco rallado hasta impregnar los costados.

Nota: *Conservar a temperatura ambiente en recipiente hermético.*

Lemon pie Whoopie

¿Quién no adora el Lemon Pie?
Esta versión es súper simple, fresca y completamente fiel al sabor original.

INGREDIENTES

- 300 g de harina 0000
- 1 cdta de polvo de hornear
- ½ cdta de bicarbonato de sodio
- 100 g de manteca pomada
- 165 g de azúcar común
- 1 huevo, a temperatura ambiente
- 1 cdta de extracto de vainilla
- 150 ml de leche, a temperatura ambiente
- 1 taza de merengue (ver receta en pág. 16)
- ½ taza de Lemon Curd (ver receta en pág . 16)

PREPARACIÓN

1. Precalentar el horno a 180° C. Forrar dos placas para horno con papel manteca o placa de silicona.
2. Sobre un bol mediano, cernir la harina, el polvo de hornear y el bicarbonato. Reservar.
3. Con batidora de mano, batir la manteca y el azúcar hasta suavizar.
4. Agregar el huevo y la vainilla y continuar batiendo por algunos minutos.
5. Bajar la velocidad y agregar la mezcla de harina y la leche, intercaladas en tres adiciones, comenzando y terminando con la harina. Batir por algunos minutos más hasta homogeneizar.
6. Transferir la mezcla a una manga descartable con boquilla lisa n° 14 y hacer copos de 3 cm de diámetro sobre el papel manteca o placa de silicona, dejando 4 cm de espacio entre cada tapa.
7. Hornear durante 12 minutos, girando la placa a los 8 minutos para que la cocción sea pareja.
8. Las whoopies estarán listas cuando estén doradas y firmes al tacto.
9. Retirar y dejar enfriar por algunos minutos, transferir las whoopies a rejilla de enfriamiento.
10. **Para el relleno:** Colocar el lemon curd en una manga con boquilla rizada y formar un copo en el centro de una de las tapas. Colocar el merengue en otra manga con boquilla rizada y trazar copos alrededor del copo de lemon curd, cubriendo todo el contorno de la whoopie. Tapar con otra whoopie en forma de sandwich.

Nota: *Se conserva refrigerada en recipiente hermético hasta tres días.*

Whoopies de vainilla y buttercream de frutillas

Cada bocado de estas whoopies nos transporta sin escalas a un tibio día de verano. Son perfectas para un picnic al aire libre. La textura de las tapas de vainilla combina de manera ideal con la untuosidad y la acidez de las frutillas.

INGREDIENTES

- 270 g de harina 0000
- 1 cdta de polvo de hornear
- ½ cdta de bicarbonato de sodio
- 120 g de manteca, pomada
- 160 g de azúcar
- 1 huevo, a temperatura ambiente
- 1 cdta de extracto de vainilla
- 150 ml de leche , a temperatura ambiente
- 1 taza de buttercream de frutillas (ver receta en pág. 21)

PREPARACIÓN

1. Precalentar el horno a 180° C. Forrar dos placas para horno con papel manteca o placa de silicona.

2. Sobre un bol, cernir la harina, el polvo de hornear, el bicarbonato, reservar.

3. En otro bol mediano, batir la manteca y el azúcar hasta que se forme una pasta suave.

4. Agregar el huevo y el extracto de vainilla y mezclar bien.

5. Incorporar la mezcla de harina en tres adiciones, intercalando con la leche y comenzando y terminando con la harina.

6. Colocar la mezcla en una manga descartable con boquilla lisa n° 14 y hacer copos de 2,5 cm de diámetro sobre el papel manteca, dejando 4 cm de espacio entre cada uno.

7. Cocinar en horno precalentado por 12 minutos, girando la bandeja a los 8 minutos para lograr una cocción pareja.

8. Retirar, dejar enfriar por algunos instantes y transferir las whoopies a una rejilla de enfriado.

9. Para el relleno: Colocar el buttercream de frutilla en una manga descartable con boquilla rizada y rellenar las whoopies haciendo un copo en el centro. Si lo deseás, podés trazar un copo en la parte superior de la whoopie. Decorar con trozos de frutillas frescas.

Nota: *Conservar refrigeradas en recipiente hermético hasta cuatro días, retirar algunos minutos antes de servir.*

Whoopies de vainilla con glasé de frutillas y ganache de chocolate

Estas whoopies de aspecto delicado y elegante, son perfectas para la hora del té. Su glaseado saborizado con frutilla aporta un toque crocante que sorprende.

INGREDIENTES

- 270 g de harina 0000
- 1 cdta de polvo de hornear
- ½ cdta de bicarbonato de sodio
- 1 pizca de sal
- 120 g de manteca pomada
- 160 g de azúcar
- 1 huevo, a temperatura ambiente
- 1 cdta de extracto de vainilla
- 150 ml de leche, a temperatura ambiente
- 1 taza de glasé de frutillas (ver receta en pág. 18)
- 1 taza de ganache de chocolate (ver receta en pág. 19)

PREPARACIÓN

1. Precalentar el horno a 180° C. Forrar dos placas para horno con papel manteca.
2. Sobre un bol cernir juntos la harina, el polvo de hornear, la sal y el bicarbonato.
3. En otro bol mediano, batir la manteca y el azúcar hasta formar una pasta pálida.
4. Agregar el huevo y el extracto de vainilla y mezclar.
5. Incorporar la mezcla de harina en tres adiciones, intercalando con la leche y comenzando y terminando con la harina.
6. Transferir la masa a una manga con boquilla lisa n° 14, formar copos de 2,5 cm de diámetro sobre el papel manteca, dejando 4 cm de espacio entre las tapas.
7. Cocinar en horno precalentado 12 minutos, girando la bandeja a los 8 minutos para lograr una cocción pareja.
8. Retirar, dejar enfriar sobre rejilla.
9. Bañar solo la mitad de las tapas con el glasé y dejar secar.
10. Tomar una tapa sin cobertura, untarla con la ganache y cubrir con otra tapa bañada en glasé. Repetir el procedimiento hasta que no queden más tapas.

Nota: *Conservar refrigeradas en recipiente hermético hasta cuatro días, retirar algunos minutos antes de servir.*

Whoopies de miel y amapola con frosting de queso crema

Deliciosas para acompañar cualquier variedad de té, el agregado de semillas de amapola otorga a estas whoopies propiedades antioxidantes y contenido proteico de buena calidad.

INGREDIENTES

- 300 g de harina 0000
- 1 cdta de polvo de hornear
- ½ cdta de bicarbonato de sodio
- 1 cda de semillas de amapola
- 125 g de manteca pomada
- 130 g de azúcar rubia
- 3 cdas de miel
- 1 huevo, a temperatura ambiente
- 1 cdta de extracto de vainilla
- 150 ml de leche, a temperatura ambiente
- 1 taza de frosting de queso crema, preparado con 2 cdas de miel (ver receta en pág. 20)

PREPARACIÓN

1. Precalentar el horno a 180° C. Forrar dos placas para horno con papel manteca o placa de silicona.
2. Sobre un bol, cernir la harina, el polvo de hornear, el bicarbonato y las semillas de amapola, reservar.
3. En otro bol mediano, batir la manteca, el azúcar y la miel hasta que se forme una pasta suave.
4. Agregar el huevo y el extracto de vainilla y mezclar bien.
5. Incorporar la mezcla de harina en tres adiciones, intercalando con la leche y comenzando y terminando con la harina.
6. Con la ayuda de dos cucharas grandes, formar montículos de 2 cm de diámetro sobre el papel manteca, dejando 4 cm de espacio entre cada uno.
7. Cocinar en horno precalentado 15 minutos, girando la bandeja a los 8 minutos para lograr una cocción pareja.
8. Retirar, dejar enfriar por algunos minutos y transferir las whoopies a una rejilla de enfriado.
9. Rellenar las tapas con el frosting una vez que se hayan enfriado, con la ayuda de una cuchara. Tapar con otra whoopie formando un sandwich.

Nota *Conservar refrigeradas en recipiente hermético hasta tres días, retirar algunos minutos antes de servir.*

Whoopies Donas

Una manera distinta de presentar las tradicionales
whoopies de vainilla y ganache de chocolate.

INGREDIENTES

- 300 g de harina 0000
- 1 cdta de polvo de hornear
- ½ cdta de bicarbonato de sodio
- 1 pizca de sal
- 125 g de manteca pomada
- 160 g de azúcar
- 1 huevo, a temperatura ambiente
- 1 ½ cdta de extracto de vainilla
- 150 ml de leche, a temperatura ambiente
- 1 taza de ganache de chocolate (ver receta en pág . 19)
- 1 taza de azúcar impalpable

PREPARACIÓN

1. Precalentar el horno a 180° C. Forrar dos placas con papel manteca.

2. Sobre un bol cernir harina, polvo de hornear, sal y bicarbonato.

3. En otro bol, batir manteca y azúcar hasta formar una pasta.

4. Agregar el huevo y el extracto de vainilla, mezclar.

5. Incorporar la mezcla de harina en tres adiciones, intercalando con la leche y comenzando y terminando con la harina.

6. Transferir la masa a una manga con boquilla lisa n° 8, formar anillos de 3 cm de diámetro sobre el papel manteca, dejando 4 cm de espacio entre cada uno.

7. Cocinar en horno precalentado 15 minutos, girando la bandeja a los 8 minutos para lograr una cocción pareja.

8. Retirar, dejar enfriar sobre rejilla.

9. Tomar una de las tapas, untarla con ganache y cubrir con otra tapa a modo de sandwich.

10. Pasar las whoopies por azúcar impalpable hasta impregnarlas.

Nota: *Conservar en recipiente hermético a temperatura ambiente durante tres días.*

Whoopies Tiramisú

*Esta versión encierra todo el sabor
del postre italiano en un solo mordisco.*

INGREDIENTES

- 2 cdtas de café instantáneo + 2 cdas de agua hirviendo
- 50 ml de licor de café
- 270 g de harina 0000
- 30 g de cacao amargo, más 2 cdas adicionales para espolvorear
- 1 cdta de polvo de hornear
- ½ cdta de bicarbonato de sodio
- 125 g de manteca pomada
- 165 g de azúcar rubia
- 1 huevo a temperatura ambiente
- 1 cdta de extracto de vainilla
- 80 ml de leche a temperatura ambiente
- 250 g de mascarpone
- 60 g de azúcar impalpable

PREPARACIÓN

1. Precalentar el horno a 180° C. Forrar dos placas con papel manteca.
2. Diluir el café en dos cucharaditas de agua hirviendo y agregarle el licor de café. Reservar.
3. Sobre un bol, cernir harina, polvo de hornear, bicarbonato y cacao.
4. En otro bol mediano, batir manteca y azúcar hasta formar una pasta cremosa.
5. Agregar el huevo y el extracto de vainilla, mezclar.
6. Incorporar la mezcla de harina en tres adiciones, intercalando con la leche y comenzando y terminando con la harina.
7. Por último, agregar tres cuartas partes de la mezcla de licor y café, reservando algunas cucharaditas para humedecer las whoopies. Batir hasta homogeneizar.
8. Transferir la masa a una manga con boquilla lisa n° 14 y formar copos de tres centímetros de diámetro sobre el papel manteca, dejando 4 cm de espacio entre cada uno.
9. Cocinar en horno precalentado 12 minutos, girando la bandeja a los 8 minutos para lograr una cocción pareja.
10. Retirar, dejar enfriar sobre rejilla.
11. **Para el relleno:** Batir el mascarpone con el azúcar impalpable. Humedecer la cara interna de las whoopies con el licor restante Untar el mascarpone sobre una de las tapas y cubrir con otra whoopie a modo de sandwich.
14. Espolvorear las whoopies con 2 cucharadas de cacao.
15. Rellenar el día en que serán consumidas.

Whoopies de vainilla con crema de frambuesas

Esta combinación es ideal para los amantes de los sabores del verano. La frescura de la crema combinada con la acidez y el perfume de las frambuesas, encerrado entre dos tapas de tierna vainilla.

INGREDIENTES

- 300 g de harina 0000
- 1 cdta de polvo de hornear
- ½ cdta de bicarbonato de sodio
- 1 pizca de sal
- 120g de manteca pomada
- 160 g de azúcar
- 1 huevo, a temperatura ambiente
- 1 cdta de extracto de vainilla
- 150 ml de leche, a temperatura ambiente
- 1 taza de crema de leche doble
- 50g de frambuesas frescas y algunas más para decorar
- Azúcar impalpable, para espolvorear

PREPARACIÓN

1. Precalentar el horno a 180° C. Forrar dos placas para horno con papel manteca o placa de silicona.
2. Sobre un bol, cernir juntos la harina, la sal, el polvo de hornear y el bicarbonato. Reservar.
3. En otro bol mediano, batir la manteca y el azúcar hasta que se forme una pasta suave y esponjosa.
4. Agregar el huevo y el extracto de vainilla y mezclar bien.
5. Incorporar la mezcla de harina en tres adiciones, intercalando con la leche y comenzando y terminando con la harina.
6. Transferir la mezcla a una manga con boquilla lisa n° 14 y formar botones de 3 cm de diámetro sobre el papel manteca, dejando 4 cm de espacio entre cada uno.
7. Cocinar en horno precalentado 12 minutos, girando la bandeja a los 8 minutos para lograr una cocción pareja.
8. Las whoopies estarán listas cuando comiencen a dorarse levemente o estén firmes al tacto.
9. Retirar, dejar enfriar por algunos instantes y transferirlas a una rejilla para que se enfríen completamente.

Para el relleno: Batir la crema a medio punto. Agregar las frambuesas, pisadas previamente con un tenedor. Continuar batiendo hasta montar.
2. Colocar la crema de frambuesas en una manga con boquilla rizada, tomar una de las tapas y trazar un copo en el centro y por todo el contorno, cubrir con otra tapa a modo de sandwich. Decorar con frambuesas frescas justo antes de servir. Espolvorear con azúcar impalpable.

Nota: *Conservar refrigeradas en recipiente hermético hasta tres días, retirar algunos minutos antes de servir.*

Whoopies de terciopelo rojo

Como la clásica "torta de terciopelo rojo", esta receta típicamente americana lleva un color profundo carmesí. Su característica principal es ser fresca y liviana, además de deliciosa.

INGREDIENTES

- 300 g de harina 0000
- 1 cdta de sal
- 1 ½ cdta de bicarbonato de sodio
- 25g de cacao amargo
- 4 cdas de colorante rojo líquido
- 180 ml de buttermilk (suero de leche), preparado con una cda de vinagre (ver receta en pág. 16)
- 120 g de manteca, pomada
- 180 g de azúcar
- 1 huevo, a temperatura ambiente
- 1 cdta de extracto de vainilla
- 1 taza de frosting de queso crema (ver receta en pág. 20)

PREPARACIÓN

1. Precalentar el horno a 180° C. Forrar dos placas con papel manteca.
2. Sobre un bol, cernir harina, sal, polvo de hornear, bicarbonato y cacao. Reservar.
3. Mezclar el colorante con el suero de leche, reservar.
4. En otro bol, batir manteca y azúcar hasta formar una pasta cremosa.
5. Agregar el huevo y el extracto de vainilla, mezclar.
6. Incorporar la mezcla de harina en tres adiciones, intercalando con el suero y comenzando y terminando con la harina.
7. Transferir la masa a una manga con boquilla lisa n° 14, formar copos de tres centímetros de diámetro sobre el papel manteca, dejando 4 cm libres entre cada uno.
8. Cocinar en horno precalentado 12 minutos, girando la bandeja a los 8 minutos para lograr una cocción pareja.
9. Retirar y dejar enfriar sobre rejilla.
10. **Para el relleno:** Colocar el frosting en una manga con boquilla lisa n° 14, trazar un copo generoso sobre las tapas, cubrir con otra a modo de sandwich.

Nota: *Conservar refrigeradas en recipiente hermético hasta tres días, retirar algunos minutos antes de servir.*

Lamington's Whoopie Pies
(de vainilla con corazón de mermelada de frutillas)

Esta receta es una adaptación de la clásica torta australiana Lamington's, consta de dos tapas de esponjosa torta de vainilla con corazón de mermelada de frutillas, un baño de chocolate y una lluvia de coco rallado. Muchas veces se reemplaza la mermelada por crema. Este manjar es digno de ser probado.

INGREDIENTES

- 270 g de harina 0000
- 1 cdta de polvo de hornear
- ½ cdta de bicarbonato de sodio
- 120 g de manteca pomada
- 160 g de azúcar
- 1 huevo a temperatura ambiente
- 1 cdta de extracto de vainilla
- 150 ml de leche a temperatura ambiente
- 1 taza de mermelada de frutillas
- 1 taza de chocolate fundido para bañar
- ½ taza de coco rallado para espolvorear

PREPARACIÓN

1. Precalentar el horno a 180° C. Forrar dos placas con papel manteca.
2. Sobre un bol, cernir harina, polvo de hornear, bicarbonato y reservar.
3. En otro bol, batir manteca y azúcar hasta formar una pasta suave.
4. Agregar el huevo y el extracto de vainilla y mezclar.
5. Incorporar la mezcla de harina en tres adiciones intercalando con la leche. Comenzando y terminando con la harina.
6. Transferir la mezcla a una manga con boquilla lisa n°14, formar copos de 2,5 cm de diámetro sobre el papel manteca, dejando 4 cm libres entre cada uno.
7. Cocinar en horno precalentado 12 minutos, girando la bandeja a los 8 minutos para lograr una cocción pareja.
8. Retirar, dejar enfriar sobre rejilla.
9. **Para el relleno:** Untar las tapas con la mermelada de frutillas, unir y bañar con el chocolate sumergiendo las whoopies mientras se las sostiene por debajo con un tenedor. Espolvorear con coco rallado, dejar secar sobre papel manteca.
Nota: *Conservar refrigeradas en recipiente hermético hasta cuatro días, retirar algunos minutos antes de servir.*

Whoopies de polenta con frosting de queso crema y pistachos

Las Whoopies de polenta, me recuerdan al pan de maíz tibio que comía cuando era chica. Muy nutritivas, suaves y texturadas. El pistacho les aporta el dulzor y el crujiente justo.

INGREDIENTES

- 250 g de harina 0000
- 70g de harina de maíz
- 1 cdta de polvo de hornear
- ½ cdta de bicarbonato de sodio
- 1 pizca de sal
- 100 g de manteca pomada
- 150 g de azúcar
- 1 huevo a temperatura ambiente
- 1 cdta de extracto de vainilla
- 110 ml de leche a temperatura ambiente
- 1 taza de frosting de queso crema (ver receta en pág. 20)
- 50g de pistachos dulces picados

PREPARACIÓN

1. Precalentar el horno a 160° C. Forrar dos placas para horno con papel manteca o placa de silicona.

2. Sobre un bol, cernir las harinas, el polvo de hornear, el bicarbonato y la sal. Reservar.

3. En otro bol mediano, batir la manteca y el azúcar hasta que se forme una pasta suave y esponjosa.

4. Agregar el huevo y el extracto de vainilla y mezclar bien.

5. Incorporar la mezcla de harina en tres adiciones, intercalando con la leche y comenzando y terminando con la harina.

6. Colocar la mezcla en una manga con boquilla lisa n° 14 y formar botones de 3 cm de diámetro sobre el papel manteca, dejando 4 cm de espacio entre cada uno.

7. Cocinar en horno precalentado 12 a 15 minutos, girando la bandeja a los 8 minutos para lograr una cocción pareja.

8. Las whoopies estarán listas cuando comiencen a dorarse levemente o estén firmes al tacto.

9. Retirar, dejar enfriar por algunos instantes y transferirlas a una rejilla para que enfríen por completo.

10. Con la ayuda de una cuchara colocar el frosting sobre una de las tapas, cubrir con otra a modo de sandwich. Rodar las whoopies sobre los pistachos previamente picados.

Nota: *Conservar refrigeradas en recipiente hermético hasta cuatro días, retirar algunos minutos antes de servir.*

Espirales de moka

Un remolino de sabor, café y vainilla. Una pareja de dulce y un poco amargo. Con relleno de crema de cacao que sorprende en la boca. Quedan deliciosas acompañadas de un café helado como se ve en la foto.

INGREDIENTES

- 3 cdtas de café instantáneo + 2 cdas de agua hirviendo
- 150 g de harina 0000
- 30 g de cacao amargo
- 1 cdta de polvo de hornear
- ½ cdta de bicarbonato de sodio
- 125 g de manteca, pomada
- 165 g de azúcar rubio
- 1 huevo, a temperatura ambiente
- 1 cdta de extracto de vainilla
- 80 ml de leche, a temperatura ambiente
- 1 taza de crema batida con 4 cdas de azúcar y 2 de cacao
- 1 cantidad de masa de vainilla preparada como indica la receta de la pag. 42

PREPARACIÓN

1. Precalentar el horno a 180° C. Forrar dos placas con papel manteca.

2. Diluir el café en dos cucharadas de agua hirviendo.

3. Sobre un bol, cernir harina, polvo de hornear, bicarbonato y cacao.

4. En otro bol, batir manteca y azúcar hasta formar una pasta cremosa.

5. Agregar el huevo y el extracto de vainilla, mezclar. Luego añadir el café.

6. Incorporar la mezcla de harina en tres adiciones intercalando con la leche. Comenzando y terminando con la harina

7. Transferir la masa a una manga con boquilla lisa n° 14, hacer copos de tres centímetros de diámetro sobre el papel manteca, dejando 4 cm de espacio entre cada uno.

8. Colocar la masa de vainilla en una manga con boquilla lisa de 3 mm, y hacer un espiral sobre las whoopies de café.

9. Cocinar en horno precalentado 12 minutos, girando la bandeja a los 8 minutos para lograr una cocción pareja.

10. Retirar, dejar enfriar sobre rejilla.

Para el relleno: Colocar la crema de cacao en una manga con boquilla rizada y hacer un copo generoso en el centro, tapar con otra whoopie a modo de sandwich.

Nota: *Rellenar el día en que serán consumidas.*

Whoopies de arándanos y mascarpone

Los arándanos son siempre una buena elección a la hora de preparar pastelería, ya que el calor de la cocción convierte su interior en pura jalea, dejando salir todo su sabor.

INGREDIENTES

- 270 g de harina 0000
- 1 cdta de polvo de hornear
- ½ cdta de bicarbonato de sodio
- 120g de manteca pomada
- 160 g de azúcar
- 1 huevo a temperatura ambiente
- 1 cdta de extracto de vainilla
- ½ taza de arándanos picados, algunos extra para decorar
- 150 ml de leche a temperatura ambiente
- 1 taza de mascarpone batido con 3 cdas de miel y unas gotas de limón
- Azúcar impalpable

PREPARACIÓN

1. Precalentar el horno a 180° C. Forrar dos placas con papel manteca.
2. Sobre un bol, cernir harina, polvo de hornear y bicarbonato.
3. En otro bol, batir manteca y azúcar hasta formar una pasta suave.
4. Agregar el huevo y el extracto de vainilla.
5. Incorporar la mezcla de harina en tres adiciones, intercalando con la leche y comenzando y terminando con la harina.
6. Por último agregar los arándanos con espátula, reservar algunos para decorar.
7. Colocar la masa en una manga con pico liso n°14 y hacer copos de 2 cm de diámetro sobre el papel manteca, dejando 4 cm de espacio entre cada uno. Colocar un arándano en el centro del copo.
8. Cocinar en horno precalentado por 15 minutos, girando la bandeja a los 8 minutos para lograr una cocción pareja.
9. Retirar y enfriar sobre rejilla.
10. Una vez frías, colocar el mascarpone en una manga con pico liso n° 14, tomar una tapa y hacer un copo en el centro, tapar con otra whoopie formando un sandwich. Espolvorear con azúcar impalpable.
11. Conservar en recipiente hermético en heladera durante tres días. Rellenar justo antes de servir.

Whoopies de banana y dulce de leche

Esta versión deliciosa de whoopies, combina dos de los sabores más populares entre los chicos.

INGREDIENTES

- 300 g de harina 0000
- 1 cdta de polvo de hornear
- ½ cdta de bicarbonato de sodio
- 125 g de manteca pomada
- 160 g de azúcar
- 1 huevo a temperatura ambiente
- 1 ½ cdta de extracto de vainilla
- 2 cdas de bananas pisadas
- 150 ml de leche a temperatura ambiente
- 1 banana cortada en rodajas finas
- 1 cda de azúcar para espolvorear
- 1 taza de dulce de leche repostero a temperatura ambiente

PREPARACIÓN

1. Precalentar el horno a 180° C. Forrar dos placas con papel manteca.

2. Sobre un bol, cernir harina, polvo de hornear y bicarbonato.

3. En otro bol, batir manteca y azúcar hasta que se forme una pasta suave.

4. Agregar el huevo y el extracto de vainilla y mezclar bien.

5. Incorporar la banana pisada.

6. Incorporar la mezcla de harina en tres adiciones, intercalando con la leche y comenzando y terminando con la harina.

7. Colocar la mezcla en una manga con boquilla lisa n° 14 y hacer copos de 2,5 cm de diámetro sobre el papel manteca, dejando 4 cm de espacio entre cada uno. Decorar cada whoopie con una rodaja de banana y espolvorear con azúcar.

8. Llevar a horno por 12 minutos, girando la bandeja a los 8 minutos para lograr una cocción pareja.

9. Retirar, dejar enfriar sobre rejilla.

10. Colocar el dulce de leche en una manga con boquilla rizada, rellenar las whoopies haciendo un copo en el centro y cubrir con una tapa a modo de sandwich.

Whoopies de frambuesa y almendras

Esta receta es muy simple, se prepara en pocos minutos y con los ingredientes que tengan en la despensa. Es deliciosa y cumple con todas las expectativas de un pastel de frambuesas, frescas y crocantes gracias a las almendras. Pueden reemplazar la mermelada por otro sabor.

INGREDIENTES

- 270 g de harina 0000
- 1 cdta de polvo de hornear
- ½ cdta de bicarbonato de sodio
- 125 g de manteca pomada
- 160 g de azúcar
- 1 huevo a temperatura ambiente
- 1 cdta de extracto de vainilla
- 150 ml de leche a temperatura ambiente
- 1 taza de mermelada de frambuesas
- 1 taza de almendras fileteadas

PREPARACIÓN

1. Precalentar el horno a 180° C. Forrar dos placas con papel manteca.
2. Sobre un bol, cernir harina, polvo de hornear y bicarbonato.
3. En otro bol, batir manteca y azúcar hasta formar una pasta.
4. Agregar el huevo y el extracto de vainilla y mezclar.
5. Incorporar la mezcla de harina en tres adiciones, intercalando con la leche y comenzando y terminando con la harina.
6. Transferir la masa a una manga con boquilla lisa n° 14, formar copos de 2,5 cm de diámetro sobre el papel manteca, dejando 4 cm de espacio entre las tapas.
7. Cocinar en horno precalentado 12 minutos, girando la bandeja a los 8 minutos para lograr una cocción pareja.
8. Retirar, dejar enfriar sobre rejilla.
9. Tomar una de las tapas untarla con mermelada y cubrir con otra tapa, untar la superficie con mermelada y cubrir con almendras.
10. Conservar refrigeradas en recipiente hermético hasta cuatro días, retirar algunos minutos antes de servir.

Arco Iris Whoopies Pies

Una torre de whoopies puede ser el centro de una mesa dulce en un cumpleaños infantil un bautismo o un babyshower, son muy rendidoras y a los más chicos les encantan. Los colores pueden ser elegidos de acuerdo al tema de la celebración.

INGREDIENTES

- 300 g de harina 0000
- 1 cdta de polvo de hornear
- ½ cdta de bicarbonato de sodio
- 125 g de manteca pomada
- 160 g de azúcar
- 1 huevo a temperatura ambiente
- 1 cdta de extracto de vainilla
- 150 ml de leche a temperatura ambiente
- Colorante comestible rosa y verde.
- Una cantidad de masa de whoopies de chocolate preparada como indica la receta de la pág. 76
- 2 tazas de crema de malvavisco rosado (ver receta en pág. 20)

PREPARACIÓN

1. Precalentar el horno a 180° C. Forrar dos placas con papel manteca.
2. Sobre un bol, cernir harina, polvo de hornear, bicarbonato y reservar.
3. En otro bol, batir manteca y azúcar hasta formar una pasta suave.
4. Agregar el huevo y el extracto de vainilla y mezclar.
5. Incorporar la mezcla de harina en tres adiciones, intercalando con la leche y comenzando y terminando con la harina.
6. Dividir la masa en tres porciones iguales, reservar una porción para las de vainilla. Colorear las otras dos porciones agregando el colorante en pequeñas cantidades hasta lograr el color deseado. Con la punta de un palillo estará bien para comenzar.
7. Colocar cada masa en una manga con boquilla lisa nº14 y hacer copos de 2,5 cm de diámetro sobre el papel manteca, dejando 4 cm de espacio entre cada uno. Hacer números pares de tapas de cada color. Proceder de la misma forma con la masa de chocolate.
8. Llevar cada placa a horno por 12 minutos, girando la bandeja a los 8 minutos para lograr una cocción pareja.
9. Retirar, dejar enfriar sobre rejilla.
10. Colocar la crema de malvavisco en una manga con boquilla lisa nº14 y rellenar las whoopies de manera generosa.
11. Conservar en recipiente hermético a temperatura ambiente.

Pastel de rosas Whoopies

*Solo un toque de agua de rosas convierte este simple
y pequeño pastel en un bocado sofisticado y elegante.
Romántico si los hay, es ideal para el día de San Valentín.*

INGREDIENTES

- 270 g de harina 0000
- 1 cdta de polvo de hornear
- ½ cdta de bicarbonato de sodio
- 125 g de manteca pomada
- 160 g de azúcar
- 1 huevo a temperatura ambiente
- 1 cdta de extracto de vainilla
- 1 cdta de agua de rosas
- 150 ml de leche a temperatura ambiente
- 1 taza de buttercream de vainilla coloreado con 2 gotas de colorante comestible rosa y 4 gotas de agua de rosas
- Azúcar rosada para espolvorear
- Azúcar impalpable para espolvorear

PREPARACIÓN

1. Precalentar el horno a 180° C. Forrar dos placas con papel manteca.
2. Sobre un bol, cernir harina, polvo de hornear, bicarbonato y reservar.
3. En otro bol, batir manteca y azúcar hasta formar una pasta suave.
4. Agregar el huevo, el extracto de vainilla y el agua de rosas, mezclar.
5. Incorporar la mezcla de harina en tres adiciones, intercalando con la leche y comenzando y terminando con la harina.
6. Transferir la masa a una manga con boquilla lisa Nº14, hacer copos de 2,5 cm de diámetro sobre el papel manteca, dejando 4 cm de espacio entre cada uno.
7. Cocinar en horno precalentado 12 minutos, girando la bandeja a los 8 minutos para lograr una cocción pareja.
8. Retirar, dejar enfriar sobre rejilla.
9. Colocar el buttercream en una manga con boquilla rizada y rellenar las whoopies haciendo un copo en el centro. Si desean pueden hacer un copo en la parte superior de la whoopie. Decorar con pimpollos de rosas. Espolvorear con azúcar rosada y luego con azúcar impalpable.
10. Conservar refrigeradas en recipiente hermético hasta cuatro días, retirar algunos minutos antes de servir.

Whoopies de vainilla, crema de malvavisco y chocolate (S'mores)

Los S'mores son una típica golosina de campamento, preparadas con dos galletitas tipo crackers, un trozo de chocolate y un malvavisco caliente. Esta es la versión de los clásicos S'mores convertidos en whoopie.

INGREDIENTES

- 270 g de harina integral
- 1 cdta de polvo de hornear
- ½ cdta de bicarbonato de sodio
- 125 g de manteca pomada
- 160 g de azúcar rubio
- 1 huevo a temperatura ambiente
- 1 cdta de extracto de vainilla
- 130 ml de leche a temperatura ambiente
- 1 taza de crema de malvavisco rosada
- ½ taza de chocolate fundido

PREPARACIÓN

1. Precalentar el horno a 180° C. Forrar dos placas con papel manteca.
2. Sobre un bol, cernir harina, polvo de hornear, bicarbonato y reservar.
3. En otro bol batir manteca y azúcar hasta formar una pasta suave.
4. Agregar el huevo y el extracto de vainilla y mezclar bien.
5. Incorporar la mezcla de harina en tres adiciones, intercalando con la leche y comenzando y terminando con la harina.
6. Colocar la mezcla en una manga con boquilla lisa nº14, hacer copos de 2,5 cm de diámetro sobre el papel manteca, dejando 4 cm de espacio entre cada uno.
7. Cocinar en horno precalentado 12 minutos, girando la bandeja a los 8 minutos para lograr una cocción pareja.
8. Retirar, dejar enfriar sobre rejilla.
9. Untar las tapas con el chocolate fundido y tibio, colocar la crema de malvavisco en una manga con boquilla lisa nº14 y rellenar las whoopies, bañar las tapas con el chocolate y cubrir a modo de sandwich.
10. Conservar en recipiente hermético a temperatura ambiente durante tres días.

Whoopies de manzana y canela

Estas whoopies no requieren de mucho esfuerzo, solo agregar a la masa de vainilla manzanas y canela, logrará un postre delicioso. Su mejor acompañante, la crema fresca. También pueden reemplazar las manzanas por peras y obtendrá un postre exquisito.

INGREDIENTES

- 270 g de harina 0000
- 1 cdta de polvo de hornear
- ½ cdta de bicarbonato de sodio
- 125 g de manteca pomada
- 160 g de azúcar
- 1 huevo a temperatura ambiente
- 1 cdta de extracto de vainilla
- 1 cda de manzana rallada
- 150 ml de leche a temperatura ambiente
- Manzanas fileteadas para decorar
- 1 taza de crema batida con 4 cdas de azúcar
- 1 cdta de canela en polvo

PREPARACIÓN

1. Precalentar el horno a 180° C. Forrar dos placas con papel manteca.
2. Sobre un bol, cernir harina, polvo de hornear, canela y bicarbonato, reservar.
3. En otro bol, batir manteca y azúcar hasta formar una pasta suave.
4. Agregar el huevo, el extracto de vainilla y las manzanas ralladas, mezclar.
5. Incorporar la mezcla de harina en tres adiciones, intercalando con la leche y comenzando y terminando con la harina.
6. Transferir la masa a una manga con boquilla lisa N°14, hacer copos de 3 cm de diámetro sobre el papel manteca, dejando 4 cm de espacio entre cada uno. Decorar con las manzanas y espolvorear con azúcar.
7. Cocinar en horno precalentado 12 minutos, girando la bandeja a los 8 minutos para lograr una cocción pareja.
8. Retirar, dejar enfriar sobre rejilla.
9. Colocar la crema en una manga con boquilla rizada y rellenar las whoopies generosamente.
10. Espolvorear con canela.
11. Conservar refrigeradas en recipiente hermético hasta cuatro días, retirar algunos minutos antes de servir.

Whoopies de vainilla con romero, avellanas y chocolate

El sabor amaderado de la avellana, combinado con lo exótico del romero y lo dulce y especiado del chocolate, me transportan a un bosque húmedo en invierno. Acampar, acompañados de una taza de chocolate caliente, una manta y estas whoopies, es una buena idea.

INGREDIENTES

- 150 ml de leche
- 1 cda de romero
- 270 g de harina 0000
- 1 cdta de polvo de hornear
- ½ cdta de bicarbonato de sodio a temperatura ambiente
- 120g de manteca pomada
- 160 g de azúcar rubia
- 1 huevo a temperatura ambiente
- 1 cdta de extracto de vainilla
- ½ taza de chispas de chocolate
- ½ taza de avellanas picadas
- ¼ cdta de romero seco picado bien fino
- 1 taza de pasta de gianduia

PREPARACIÓN

1. Precalentar el horno a 180° C. Forrar dos placas con papel manteca.
2. Calentar la leche, sin que rompa hervor, con la cda de romero. Colar y reservar.
3. Sobre un bol, cernir harina, polvo de hornear y bicarbonato.
4. En otro bol, batir manteca y azúcar hasta formar una pasta suave.
5. Agregar el huevo y el extracto de vainilla y mezclar bien.
6. Incorporar la mezcla de harina en tres adiciones, intercalando con la leche y comenzando y terminando con la harina.
7. Incorporar el chocolate, las avellanas y el romero con espátula.
8. Transferir la masa a una manga con boquilla lisa Nº14, hacer copos de 3 cm de diámetro, sobre papel manteca, dejando 4 cm de espacio entre cada uno.
9. Cocinar en horno precalentado 12 minutos, girando la bandeja a los 8 minutos para lograr una cocción pareja.
10. Retirar, dejar enfriar sobe rejilla.
11. Untar las whoopies con la pasta de gianduia, tapar con otra whoopie a modo de sandwich.
12. Conservar en recipiente hermético durante tres días en heladera, retirar algunos minutos antes de servir.

Whoopies Emperatriz

Esta es una adaptación de un clásico pastel francés con tapas de macarons, en esta versión nos da la posibilidad de disfrutar de una deliciosa y esponjosa torta de frambuesas y crema, al mejor estilo francés.

INGREDIENTES

- 300 g de harina 0000
- ½ cdta de bicarbonato de sodio
- 1 cdta de polvo de hornear
- 125 g de manteca pomada
- 165 g de azúcar
- 1 huevo a temperatura ambiente
- 1 cdta de extracto de vainilla
- 150 ml de leche, a temperatura ambiente y mezclada con 3 cdas de colorante líquido comestible rosa
- 200 g de frambuesas frescas o congeladas
- 1 taza de crema batida con 4 cdas de azúcar

PREPARACIÓN

1. Precalentar el horno a 180° C. Forrar dos placas con papel manteca.
2. Sobre un bol, cernir harina, polvo de hornear y bicarbonato.
3. En otro bol, batir manteca y azúcar hasta formar una pasta suave.
4. Agregar el huevo y el extracto de vainilla y mezclar bien.
5. Incorporar la mezcla de harina en tres adiciones, intercalando con la leche y comenzando y terminando con la harina.
6. Transferir la masa a una manga con boquilla lisa n°14 y hacer copos de 6 cm de diámetro, sobre papel manteca, dejando 4 cm de espacio entre cada uno.
7. Cocinar en horno precalentado por 16 minutos, girando la bandeja a los 8 minutos para lograr una cocción pareja.
8. Retirar, dejar enfriar sobre rejilla.
9. Tomar una whoopie y colocar las frambuesas una al lado de la otra, en todo el contorno, llenar el espacio interior con crema, tapar con otra whoopies a modo de sandwich sin presionar.
10. Preparar el mismo día en que serán consumidas.

Whoopies de coco y dulce de leche

*Una combinación típicamente argentina,
que rememora las clásicas coquitas con dulce de leche.*

INGREDIENTES

- 300 g de harina 0000
- ½ cdta de bicarbonato de sodio
- 1 cdta de polvo de hornear
- 125 g de manteca pomada
- 160 g de azúcar
- 1 huevo a temperatura ambiente
- 1 cdta de extracto de vainilla
- 150 ml de leche a temperatura ambiente
- ½ taza de coco rallado, 2 cdas extras para espolvorear
- 1 taza de ganache de chocolate y dulce de leche (ver receta en pág. 19)

PREPARACIÓN

1. Precalentar el horno a 180° C. Forrar dos placas con papel manteca.
2. Sobre un bol, cernir harina, polvo de hornear y bicarbonato.
3. En otro bol, batir manteca y azúcar hasta formar una pasta suave.
4. Agregar el huevo, el extracto de vainilla y mezclar.
5. Incorporar la mezcla de harina en tres adiciones, intercalando con la leche y comenzando y terminando con la harina.
6. Incorporar el coco con espátula.
7. Colocar la mezcla en una manga con boquilla rizada y hacer copos de 2,5 cm de diámetro sobre el papel manteca, dejando 4 cm de espacio entre cada uno. Espolvorear con el coco restante.
8. Cocinar en horno precalentado 12 minutos, girando la bandeja a los 8 minutos para lograr una cocción pareja.
9. Retirar, dejar enfriar sobre rejilla.
10. Colocar la ganache en una manga con boquilla rizada, tomar una de las tapas y hacer un copo en el centro y por todo el contorno, cubrir con otra tapa a modo de sandwich.
11. Conservar en recipiente hermético en heladera durante tres días, retirar algunos minutos antes de servir.

Whoopies de pistacho y crema de frambuesas

Dos colores adorables, verde y rosa combinan perfectamente, tanto a la vista como en su delicado y extravagante sabor.

INGREDIENTES

- 270 g de harina 0000
- ½ cdta de bicarbonato de sodio
- 1 cdta de polvo de hornear
- 125 g de manteca pomada
- 160 g de azúcar
- 1 huevo a temperatura ambiente
- 1 cdta de extracto de vainilla
- 1 cdta de pasta de pistachos
- 150 ml de leche, a temperatura ambiente y mezclada con 3 gotas de colorante comestible verde
- 1 taza de crema de frambuesas (ver receta en pág. 18)

PREPARACIÓN

1. Precalentar el horno a 180° C. Forrar dos placas con papel manteca.

2. Sobre un bol, cernir harina, polvo de hornear, bicarbonato y reservar.

3. En otro bol, batir manteca y azúcar hasta formar una pasta suave.

4. Agregar el huevo, el extracto de vainilla, la pasta de pistacho y mezclar.

5. Incorporar la mezcla de harina en tres adiciones, intercalando con la leche y comenzando y terminando con la harina.

6. Colocar la mezcla en una manga con boquilla lisa n° 14, hacer copos de 2,5 cm de diámetro sobre el papel manteca, dejando 4 cm de espacio entre cada uno.

7. Cocinar en horno precalentado por 12 minutos, girando la bandeja a los 8 minutos para lograr una cocción pareja.

8. Retirar, dejar enfriar sobre rejilla.

9. Colocar la crema de frambuesas en una manga con boquilla lisa n° 8 y rellenar las whoopies haciendo pequeños copos, cubrir con otra whoopie a modo de sandwich.

10. Preparar el mismo día en que serán consumidas.

Whoopies de lavanda y miel

*EL perfume de la lavanda se percibe sutilmente,
la miel lo suaviza, convirtiendo cada bocado
en un paseo por un campo florido.*

INGREDIENTES

- 270 g de harina 0000
- 1 cdta de polvo de hornear
- ½ cdta de bicarbonato de sodio
- 150 ml de leche a temperatura ambiente
- 2 cdas de flores de lavanda comestibles
- ¼ taza de miel
- 120g de manteca pomada
- 160 g de azúcar
- 1 huevo a temperatura ambiente
- 1 cdta de extracto de vainilla
- 1 taza de frosting de queso crema preparado con dos cdas de miel (ver receta en pág. 20)

PREPARACIÓN

1. Precalentar el horno a 180° C. Forrar dos placas con papel manteca.
2. Sobre un bol, cernir harina, polvo de hornear, bicarbonato y reservar.
3. Calentar la leche, sin que rompa hervor, con las flores de lavanda y la miel. Colar y reservar
4. En otro bol, batir manteca y azúcar hasta formar una pasta suave.
5. Agregar el huevo y el extracto de vainilla y mezclar.
6. Incorporar la mezcla de harina en tres adiciones, intercalando con la leche y comenzando y terminando con la harina.
7. Colocar la mezcla en una manga con boquilla lisa nº14, hacer copos de 2,5 cm de diámetro sobre el papel manteca, dejando 4 cm de espacio entre cada uno.
8. Cocinar en horno precalentado 12 minutos, girando la bandeja a los 8 minutos para lograr una cocción pareja.
9. Retirar, dejar enfriar sobre rejilla.
10. Colocar el frosting en una manga con boquilla lisa n°14 y rellenar las whoopies haciendo un copo en el centro. Cubrir con otra whoopie haciendo presión.
11. Conservar refrigeradas en recipiente hermético hasta cuatro días, retirar algunos minutos antes de servir.

Whoopies clásicas de chocolate

La clásica Whoopie de chocolate rellena de buttercream de merengue, es una galletita de torta súper esponjosa, con un relleno cremoso y dulce. Ideales para acompañar un vaso de leche.

INGREDIENTES

- 150 g de harina 0000
- 30 g de cacao amargo
- 1 cdta de polvo de hornear
- ½ cdta de bicarbonato de sodio
- 100 g de manteca pomada
- 110 g de azúcar negra
- 1 huevo, a temperatura ambiente
- 1 cdta de extracto de vainilla
- 80 ml de buttermilk (ver receta en pág. 16)
- 1 taza de buttercream de merengue (ver receta en pág. 21)

PREPARACIÓN

1. Precalentar el horno a 180° C. Forrar dos placas para horno con papel manteca o placa de silicona.
2. Sobre un bol, cernir la harina, el polvo de hornear, el bicarbonato, el cacao y reservar.
3. En un bol mediano, batir la manteca y el azúcar hasta que se forme una pasta ligera y cremosa.
4. Agregar el huevo y el extracto de vainilla y mezclar bien.
5. Bajar la velocidad de la batidora e incorporar la mezcla de harina en tres adiciones, intercalando con la leche y comenzando y terminando con la harina. Mezclar bien.
6. Colocar la mezcla en una manga con boquilla rizada y formar copos de 3 centímetros de diámetro sobre el papel manteca, dejando 4 cm de espacio entre cada uno.
7. Cocinar en horno precalentado por 12 minutos, girando la bandeja a los 8 minutos para lograr una cocción pareja.
8. Retirar, dejar enfriar por algunos instantes y transferir las whoopies a una rejilla de enfriado.
9. Con la ayuda de dos cucharas, colocar el merengue sobre una de las tapas y cubrir con otra a modo de enfriado.

Nota: *Reservar en recipiente hermético en heladera hasta tres días, retirar algunos minutos antes de servir.*

Chocolate especiado con pasta de gianduia

El sabor del otoño. Las avellanas tostadas saben a esta época del año, las especias y el chocolate son la combinación perfecta para la pasta de gianduia.

INGREDIENTES

- 150 g de harina 0000
- 50 g de cacao amargo
- 1 cdta de polvo de hornear
- ½ cdta de bicarbonato de sodio
- ½ cdta de canela
- 1 pizca de jengibre en polvo
- 1 pizca de cardamomo molido
- 100 g de manteca pomada
- 100 g de azúcar negra
- 1 huevo a temperatura ambiente
- 1 cdta de extracto de vainilla
- 90 ml de leche, a temperatura ambiente
- 50 g de avellanas tostadas y molidas fino, algunas extras para decorar
- 1 taza de pasta de avellanas al chocolate

PREPARACIÓN

1. Precalentar el horno a 180° C. Forrar dos placas para horno con papel manteca o placa de silicona.
2. Sobre un bol, cernir la harina, el polvo de hornear, el bicarbonato, las especias, las avellanas, el cacao y reservar.
3. En un bol mediano, batir la manteca y el azúcar hasta que se forme una pasta ligera y cremosa.
4. Agregar el huevo y el extracto de vainilla y batir.
5. Bajar la velocidad e incorporar la mezcla de harina en tres adiciones, intercalando con la leche y comenzando y terminando con la harina. Mezclar bien.
6. Transferir la masa a una manga con boquilla lisa n°14 y hacer botones de 2 cm de diametro dejando 4 cm de espacio entre cada uno. Decorar las tapas crudas con trozos de avellanas partidas groseramente.
7. Cocinar en horno precalentado por 12 minutos, girando la bandeja a los 8 minutos para lograr una cocción pareja.
8. Retirar, dejar enfriar y transferir las whoopies a una rejilla para que terminen de enfriase por completo.
9. Con la ayuda de dos cucharas colocar la pasta de gianduia sobre una de las tapas y cubrir con otra a modo de sandwich.

Nota: *Reservar en recipiente hermético en heladera durante tres días, retirar algunos minutos antes de servir.*

Whoopie pies marmoladas

Casi como un polvorón, grandes y rusticas, suculentas y tentadoras. De aspecto denso, sorprenden al ser esponjosas y livianas.

INGREDIENTES

- 150 g de harina 0000
- 40 g de cacao amargo
- 1 cdta de polvo de hornear
- ½ cdta de bicarbonato de sodio
- 120 g de manteca pomada
- 160 g de azúcar negra
- 1 huevo, a temperatura ambiente
- 1 cdta de extracto de vainilla
- 80 ml de leche, a temperatura ambiente
- 1 cantidad de masa de vainilla (preparada como indica la receta de la pág. 26)
- Relleno de crema de cacao: 1 taza de crema batida con 4 cdas de azúcar y 4 cdas de cacao

PREPARACIÓN

1. Precalentar el horno a 180° C. Forrar dos placas con papel manteca.

2. Sobre un bol, cernir harina, polvo de hornear, bicarbonato y cacao.

3. En otro bol, batir manteca y azúcar hasta formar una pasta cremosa.

4. Agregar el huevo y el extracto de vainilla, mezclar.

5. Incorporar la mezcla de harina en tres adiciones, intercalando con la leche y comenzando y terminando con la harina.

6. Colocar la masa de chocolate y la de vainilla en un bol y, con la ayuda de un tenedor, mezclarlas ligeramente haciendo ochos. Sin mezclar demasiado, para formar correctamente el marmolado.

7. Llevar la masa a la heladera por 40 minutos, retirar y con la ayuda de una cuchara para helados hacer copos sobre el papel manteca.

8. Cocinar en horno precalentado por 15minutos, girando la bandeja a los 8 minutos para lograr una cocción pareja.

9. Retirar, dejar enfriar sobre rejilla.

10. Colocar la crema de cacao en una manga con boquilla lisa n°14 y rellenar generosamente, tapar con otra whoopie a modo de sandwich.

Nota: *Conservar refrigeradas en recipiente hermético hasta tres días.*

Chocolate con pasas al rhum

De tierno y profundo chocolate, la humedad de las pasas remojadas en rhum les da un sabor intenso y amaderado. Delicioso. Una perdición para los más grandes de la casa.

INGREDIENTES

- 150 g de harina 0000
- 40 g de cacao amargo
- 1 cdta de polvo de hornear
- ½ cdta de bicarbonato de sodio
- 110 g de manteca, pomada
- 110 g de azúcar negra
- 1 huevo, a temperatura ambiente
- 1 cdta de extracto de vainilla
- 80ml de leche, a temperatura ambiente
- ½ taza de pasas de uva remojadas en rhum durante toda una noche y escurridas
- 1 taza de ganache de chocolate (ver receta en pág. 19), a temperatura ambiente

PREPARACIÓN

1. Precalentar el horno a 180° C. Forrar dos placas con papel manteca.

2. Sobre un bol, cernir harina, polvo de hornear, bicarbonato, cacao y reservar.

3. En otro bol, batir manteca y azúcar hasta formar una pasta cremosa.

4. Agregar el huevo y el extracto de vainilla y mezclar.

5. Bajar la velocidad de la batidora e incorporar la mezcla de harina en tres adiciones, intercalando con la leche y comenzando y terminando con la harina.

6. Añadir las pasas y revolver con con espátula hasta integrar.

7. Transferir la preparación a una manga con boquilla lisa n°14, formar copos de 3 cm de diámetro sobre el papel manteca, dejando 4 cm de espacio entre cada uno.

8. Cocinar en horno precalentado 12 minutos, girando la bandeja a los 8 minutos para lograr una cocción pareja.

9. Retirar, dejar enfriar sobre rejilla.

Para el relleno: Colocar la ganache en una manga con boquilla rizada, tomar una de las tapas y hacer un copo girando la manga al mismo tiempo que se presiona, tapar con otra whoopie haciendo una leve presión.

Nota: *Reservar refrigeradas en recipiente hermético hasta tres días, retirar algunos minutos antes de servir.*

Triple choco Whoopies

*Ningún adicto al chocolate podrá resistirse
a esta dosis triple: blanco, negro y con leche.
Para que las whoopies queden mas lindas,
es mejor utilizar mini chispas chocolate.*

INGREDIENTES

- 220 g de harina 0000
- 70 g de cacao amargo
- 1 ½ cdta de polvo de hornear
- ½ cdta de bicarbonato de sodio
- 1 pizca de sal
- 120 g de manteca pomada
- 140 g de azúcar negra
- 1 huevo ,a temperatura ambiente
- 1 cdta de extracto de vainilla
- 150 ml de leche, a temperatura ambiente
- 50 g de chispas de chocolate amargo
- 50 g de chispas de chocolate con leche
- 50 g de chispas de chocolate blanco
- 1 taza de frosting de queso crema al chocolate (ver receta en pág. 20)

PREPARACIÓN

1. Precalentar el horno a 180° C. Forrar dos placas para horno con papel manteca o placa de silicona.
2. Sobre un bol, cernir la harina, la sal, el polvo de hornear, el bicarbonato, el cacao y reservar.
3. En otro bol mediano, batir la manteca y el azúcar hasta que se forme una pasta ligera, suave y cremosa.
4. Agregar el huevo y el extracto de vainilla y mezclar bien.
5. Bajar la velocidad de la batidora e incorporar la mezcla de harina en tres adiciones, intercalando con la leche y comenzando y terminando con la harina. Mezclar nuevamente.
6. Por último, agregar las chispas de chocolate y revolver con espátula para integrar bien.
7. Colocar la masa en un bol limpio de acero y llevarla a la heladera hasta que enfríe.
8. Justo antes que solidifique, tomar porciones de masa con cuchara chica para helados y formar esferas, colocarlas sobre papel manteca o placa de silicona dejando 3 cm de espacio entre cada una.
9. Cocinar en horno precalentado 12 a 15 minutos, girando la bandeja a los 8 minutos para lograr una cocción pareja.
10. Retirar, dejar enfriar y transferir las whoopies a una rejilla para que enfríen por completo.
11. Colocar el frosting en una manga con boquilla rizada y hacer copos sobre una de las tapas, cubrir con otra a modo de sandwich.
Nota: *Conservar refrigeradas en recipiente hermético hasta cuatro días, retirar algunos minutos antes de servir.*

Whoopies de chocolate a la naranja

La combinación de chocolate y naranja es un clásico de la pastelería, un sabor popular incluso cuando las tendencias cambian y nuevos sabores surgen. Esta combinación perdura a través del tiempo.

INGREDIENTES

- 170 g de harina 0000
- 30 g de cacao amargo
- 1 cdta de polvo de hornear
- ½ cdta de bicarbonato de sodio
- 125 g de manteca pomada
- 90 g de azúcar negra
- 1 huevo, a temperatura ambiente
- 1 cdta de extracto de vainilla
- Ralladura de ½ naranja
- 70 g de chocolate, fundido y a temperatura ambiente
- 80 ml de leche, a temperatura ambiente
- Relleno: 1 taza de queso mascarpone batido con 4 cdas de azúcar impalpable y 1 cdta de ralladura de naranja, refrigerado

PREPARACIÓN

1. Precalentar el horno a 180° C. Forrar dos placas con papel manteca.
2. Sobre un bol, cernir harina, polvo de hornear, bicarbonato y cacao.
3. En otro bol, batir manteca y azúcar hasta formar una pasta cremosa.
4. Agregar el huevo, el extracto de vainilla y la ralladura de naranja, mezclar.
5. Incorporar la mezcla de harina en tres adiciones, intercalando con la leche y comenzando y terminando con la harina.
6. Por último, incorporar el chocolate fundido.
7. Transferir la masa a una manga con boquilla lisa n°14 y formar copos de 3 cm de diámetro sobre el papel manteca, dejando 4 cm de espacio entre cada uno.
8. Cocinar en horno precalentado 12 minutos, girando la bandeja a los 8 minutos para lograr una cocción pareja.
9. Retirar, dejar enfriar sobre rejilla.

Para el relleno: Colocar la mezcla de queso mascarpone fría en una manga con boquilla rizada, rellenar las tapas con un copo generoso en el centro, cubrir con otra tapa a modo de sandwich. Decorar con cascaritas de naranja.

Nota: *Reservar refrigeradas en recipiente hermético hasta tres días, retirar algunos minutos antes de servir.*

Whoopies de trufa

*Con un toque de Bourbon, se convierten
en un bocado adulto y refinado.
El particular sabor del chocolate se
balancea sutilmente con el whisky.*

INGREDIENTES

- 150 g de harina 0000
- 30 g de cacao amargo
- 1 cdta de polvo de hornear
- ½ cdta de bicarbonato de sodio
- 1 pizca de sal
- 110 g de manteca pomada
- 110 g de azúcar negra
- 1 huevo a temperatura ambiente
- 1 cdta de extracto de vainilla
- 80 ml de leche, a temperatura ambiente
- 30 g de chocolate fundido y a temperatura ambiente
- 20 ml de bourbon o algún whisky de buena calidad.
- Relleno: 1 taza de crema montada con 4 cdas de azúcar y 2 cdas de cacao amargo
- Chocolate con leche, para decorar
- Granas de chocolate, cantidad necesaria

PREPARACIÓN

1. Precalentar el horno a 180° C. Forrar dos placas con papel manteca.

2. Sobre un bol, cernir harina, polvo de hornear, bicarbonato, sal y cacao.

3. En otro bol, batir manteca y azúcar hasta formar una pasta cremosa.

4. Agregar huevo y extracto de vainilla, mezclar.

5. Bajar la velocidad e incorporar la mezcla de harina en tres adiciones, intercalando con la leche y comenzando y terminando con la harina.

6. Incorporar el chocolate fundido y el bourbon.

7. Transferir la masa a una manga con boquilla lisa n° 14, hacer copos de 2,5 cm de diámetro sobre el papel manteca, dejando 4 cm de espacio entre cada uno.

8. Cocinar en horno precalentado 12 minutos, girando la bandeja a los 8 minutos para lograr una cocción pareja.

9. Retirar y dejar enfriar sobre rejilla.

Para la cobertura: Bañar la mitad de las tapas con chocolate fundido, decorar con hilos del mismo chocolate. Dejar secar sobre papel manteca.

Para el relleno: Colocar la crema de cacao en una manga con boquilla lisa n°14, hacer un copo en el centro de las tapas. Cubrir con otra de las tapas decoradas, a modo de sandwich.

10. Para terminar, hacer rodar los bordes por las granas de chocolate.

Nota: *Reservar refrigeradas en recipiente hermético hasta tres días, retirar algunos minutos antes de servir.*

Espresso Whoopies

*El sabor intenso y tostado del café acentúa la dulzura
del chocolate, la combinación perfecta para lograr
una whoopie tierna y de carácter a la vez.*

INGREDIENTES

- 220 g de harina 0000
- 60 g de cacao amargo
- 2 cdtas de polvo de hornear
- ½ cdta de bicarbonato de sodio
- 120 g de manteca, pomada
- 150 g de azúcar negra
- 1 huevo, a temperatura ambiente
- 1 cdta de extracto de vainilla
- 100 g de chocolate amargo, fundido y a temperatura ambiente
- 90 ml de leche,
- 1 cda de café instantáneo diluido en 1 cda de agua hirviendo a temperatura ambiente
- 1 taza de ganache de chocolate saborizada con una cdta de café instantáneo.

PREPARACIÓN

1. Precalentar el horno a 160° C. Forrar dos placas para horno con papel manteca o placa de silicona.

2. Sobre un bol, cernir la harina, el polvo de hornear, el bicarbonato, el cacao y reservar.

3. En otro bol mediano, batir la manteca y el azúcar hasta que se forme una pasta ligera y cremosa.

4. Agregar el huevo y el extracto de vainilla y mezclar bien. Luego, añadir el chocolate fundido, batir para integrar.

5. Incorporar la mezcla de harina en tres adiciones intercalando con la leche y comenzando y terminando con la harina. Mezclar bien.

6. Por último agregar el café diluido frío. Homogeneizar.

7. Colocar la masa en un bol limpio de acero y refrigerar hasta poco antes de que solidifique.

8. Para lograr la textura quebradiza, retirar la masa bien fría de la heladera. Con la ayuda de una cuchara, tomar porciones pequeñas de masa y, con las manos húmedas, rodarlas hasta formar esferas de 1,5 cm de diámetro. Colocarlas sobre papel manteca o placa de silicona, dejando 3 cm de espacio entre cada una.

9. Cocinar en horno precalentado 12 minutos, girando la bandeja a los 8 minutos para lograr una cocción pareja.

10. Retirar, dejar enfriar y transferir las whoopies a una rejilla de enfriado.

Para el relleno: Transferir la ganache de chocolate a una manga con boquilla rizada pequeña, tomar una tapa y hacer un copo de ganache, cubrir con otra tapa a modo de sandwich y por último hacer otro copo en la parte superior de la whoopie y decorar con granas de chocolate o chocolate rallado.

Nota: *Reservar refrigeradas en recipiente hermético hasta tres días, retirar algunos minutos antes de servir.*

Súper choco Whoopies

*Estas Whoopies de sabor intenso y textura rugosa,
se caracterizan por ser súper tiernas y aireadas.
Ideales para los más chicos, están decoradas
con perlas de chocolate rellenas de galletita.*

INGREDIENTES

- 210 g de harina 0000
- 80 g de cacao amargo
- 1 cdta de polvo de hornear
- ½ cdta de bicarbonato de sodio
- 1 pizca de sal
- 130 g de manteca pomada
- 140 g de azúcar negra
- 1 huevo, a temperatura ambiente
- 1 cdta de extracto de vainilla
- 140 ml de leche, a temperatura ambiente
- 1 taza de buttercream de merengue (ver receta en pág. 21)

PREPARACIÓN

1. Precalentar el horno a 180° C. Forrar dos placas para horno con papel manteca o placa de silicona.

2. Sobre un bol, cernir la harina, la sal, el polvo de hornear, el bicarbonato, el cacao y reservar.

3. En otro bol mediano, batir la manteca y el azúcar hasta que se forme una pasta ligera, suave y cremosa.

4. Agregar el huevo y el extracto de vainilla y mezclar bien.

5. Incorporar la mezcla de harina en tres adiciones, intercalando con la leche y comenzando y terminando con la harina. Mezclar bien.

6. Colocar la masa en un bol limpio de acero y refrigerar hasta un minuto antes de que solidifique.

7. Para lograr la textura quebradiza, retirar la masa una vez fría de la heladera y, con la ayuda de una cuchara, tomar porciones pequeñas de masa. Con las manos húmedas, hacerlas rodar hasta formar esferas de unos 2,5 cm de diámetro. Colocarlas sobre papel manteca o placa de silicona separadas dejando 3 cm de espacio entre cada una.

8. Cocinar en horno precalentado por 12 minutos, girando la bandeja a los 8 minutos para lograr una cocción pareja.

9. Retirar, dejar enfriar y transferir las whoopies a una rejilla de enfriado.

10. Con la ayuda de dos cucharas colocar el buttercream de merengue sobre una de las tapas y cubrir con otra a modo de sandwich. Rodar las whoopies por las perlas de chocolate.

Nota: *Reservar refrigeradas en recipiente hermético hasta cuatro días, retirar algunos minutos antes de servir.*

Brownie Whoopies

Esta adaptación de los clásicos brownies de chocolate transformados en deliciosas whoopies, son un manjar sin comparación. El secreto es no cocinarlos de más, para que su interior permanezca húmedo y cremoso.

INGREDIENTES

- 50 g de harina 0000
- 1 cdta de polvo de hornear
- 230 g de chocolate con leche, picado grueso
- 25 g de manteca
- 1 huevo, a temperatura ambiente
- 100 g de azúcar
- 1 cdta de extracto de vainilla
- 1 taza buttercream de caramelo (ver receta en pág. 21)

PREPARACIÓN

1. Precalentar el horno a 180° C. Forrar dos placas con papel manteca.
2. Sobre un bol, cernir harina y polvo de hornear.
3. En un recipiente pequeño, fundir el chocolate con la manteca a baño de María. Reservar.
4. En otro bol, batir el azúcar con el huevo y la vainilla, unos 8 minutos a velocidad media, o hasta que esté pálido y cremoso.
5. Incorporar con espátula la mezcla de harina y polvo de hornear.
6. Por último, incorporar el chocolate fundido a temperatura ambiente. Homogeneizar.
7. Transferir la masa a una manga con boquilla lisa n° 14, formar copos de 3 cm de diámetro sobre el papel manteca, dejando 4 cm de espacio entre cada uno.
8. Cocinar en horno precalentado por 14 minutos, girando la bandeja a los 8 minutos para lograr una cocción pareja.
9. Retirar, dejar enfriar sobre rejilla.
10. Con la ayuda de dos cucharas colocar el buttercream de caramelo sobre una de las tapas y cubrir con otra a modo de sandwich.

Nota: *Reservar en recipiente hermético en heladera hasta tres días. Para que sean más sabrosos, prepararlos el mismo día en que serán consumidos.*

Whoopies de chocolate con crema de frambuesas

Nada más delicado que la combinación de frambuesas y chocolate. El relleno cremoso y un poco acido, en combinación con el chocolate da un sabor de ensueño a estas whoopies.

INGREDIENTES

- 150 g de harina 0000
- 50 g de cacao amargo
- 1 cdta de polvo de hornear
- ½ cdta de bicarbonato de sodio
- 110 g de manteca, pomada
- 110 g de azúcar negra
- 1 huevo, a temperatura ambiente
- 1 cdta de extracto de vainilla
- 80 ml de buttermilk (suero de leche), (ver receta en pág. 16)
- 1 taza de crema de frambuesas (ver receta en pág. 18)
- Granas negras y rosadas, para decorar

PREPARACIÓN

1. Precalentar el horno a 180° C. Forrar dos placas con papel manteca.
2. Sobre un bol, cernir harina, polvo de hornear, bicarbonato y cacao.
3. En otro bol, batir manteca y azúcar hasta formar una pasta cremosa.
4. Agregar el huevo y el extracto de vainilla, mezclar.
5. Bajar la velocidad y agregar la mezcla de harina en tres adiciones intercalando con el suero de leche. Comenzando y terminando con la harina.
6. Transferir la masa a una manga con boquilla lisa n° 14, hacer copos de tres centímetros de diámetro sobre el papel manteca, dejando 4 cm de espacio entre cada uno. Salpicar con las granas.
7. Cocinar en horno precalentado por 12 minutos, girando la bandeja a los 8 minutos para lograr una cocción pareja.
8. Retirar, dejar enfriar sobre rejilla.
9. Con la ayuda de dos cucharas colocar la crema de frambuesas sobre una de las tapas y cubrir con otra a modo de sandwich.

Nota: *Rellenar el mismo día en que serán consumidas. Guardar refrigeradas en recipiente hermético hasta tres días.*

Whoopies de chocolate con ganache de chocolate blanco

Esta es una muestra de lo sublime del chocolate. Casi como un bombón, relleno de tierna ganache de chocolate blanco, con dos tapas de puro chocolate esponjoso.

INGREDIENTES

- 150 g de harina 0000
- 30 g de cacao amargo
- 1 cdta de polvo de hornear
- ½ cdta de bicarbonato de sodio
- 110 g de manteca pomada
- 110 g de azúcar negra
- 1 huevo, a temperatura ambiente
- 1 cdta de extracto de vainilla
- 80 ml de leche, a temperatura ambiente
- 50 g de chocolate, fundido y a temperatura ambiente
- Chocolate blanco y chocolate con leche fundidos, para decorar las tapas
- 1 taza de ganache de chocolate blanco (ver receta en pág. 19)

PREPARACIÓN

1. Precalentar el horno a 180° C. Forrar dos placas con papel manteca.
2. Sobre un bol, cernir harina, polvo de hornear, bicarbonato y cacao.
3. En otro bol, batir manteca y azúcar hasta formar una pasta cremosa.
4. Agregar el huevo y el extracto de vainilla y mezclar bien.
5. Incorporar la mezcla de harina en tres adiciones, intercalando con la leche y comenzando y terminando con la harina.
6. Por último, añadir el chocolate fundido y mezclar.
7. Transferir la masa a una manga con boquilla lisa n° 14 y hacer copos de 2,5 cm de diámetro sobre el papel manteca, dejando 4 cm de espacio entre cada uno.
8. Cocinar en horno precalentado 12 minutos, girando la bandeja a los 8 minutos para lograr una cocción pareja.
9. Retirar y dejar enfriar sobre rejilla.
10. Bañar la mitad de las tapas con chocolate blanco fundido y decorar con hilos de chocolate con leche. Dejar secar sobre papel manteca.

Para el relleno: Colocar la ganache en una manga con boquilla lisa n° 14, hacer un copo generoso en el centro de las tapas. Cubrir con otra de las tapas decoradas, a modo de sandwich.

Nota: *Reservar refrigeradas en recipiente hermético hasta tres días, retirar algunos minutos antes de servir.*

Cremocoa Whoopies

Dos tapas de vainilla, con un relleno esponjoso
de malvavisco y un suculento baño de chocolate.
¡El cielo en un mordisco!

INGREDIENTES

- 270 g de harina 0000
- 1 cdta de polvo de hornear
- ½ cdta de bicarbonato de sodio
- 100 g de manteca, pomada
- 160 g de azúcar común
- 1 huevo, a temperatura ambiente
- 2 cdtas de extracto de vainilla
- 140 ml de leche, a temperatura ambiente
- 1 taza de crema de malvavisco (ver receta en pág. 20)
- 1 taza de chocolate coberturta con leche

PREPARACIÓN

1. Precalentar el horno a 180° C. Forrar dos placas para horno con papel manteca o placa de silicona.
2. En un bol mediano cernir la harina, el polvo de hornear, el bicarbonato y reservar.
3. Con batidora de mano, batir la manteca con el azúcar hasta suavizar.
4. Agregar el huevo y la vainilla y continuar batiendo por algunos minutos.
5. Bajar la velocidad y agregar la mezcla de harina y la leche, intercaladas en tres veces, comenzando y terminando con la harina. Batir por algunos minutos más hasta homogeneizar.
5. Colocar la masa en una manga con pico liso n° 14 y trazar copos sobre la placa de unos 3 cm de diámetro dejando 4 cm de espacio entre cada uno.
6. Hornear durante 12 minutos, girando la placa a los 8 minutos para que la cocción sea pareja. Las whoopies estarán listas cuando estén doradas y firmes al tacto.
7. Retirar y dejar enfriar algunos minutos.
Para el relleno: Colocar la crema de malvavisco en una manga descartable con boquilla lisa n° 14. Tomar una de las tapas y hacer un copo de crema generoso en el centro, tapar con otra whoopie haciendo una leve presión y bañarlas en el chocolate fundido, sumergiéndola mientras se la sostiene sobre un tenedor. Dejar secar sobre papel manteca.
Nota: *Conservar a temperatura ambiente en recipiente hermético hasta 4 días.*

Whoopies de chocolate suave con crema de caramelo

Una whoopie con delicado sabor a chocolate y un toque de caramelo. Siempre guardo un frasco de salsa de caramelo en mi despensa, es fácil de preparar, ideal para bañar helados y saborizar cremas como en este caso. Y dura hasta tres meses en frasco bien cerrado.

INGREDIENTES

- 200 g de harina 0000
- 2 cdas de cacao amargo
- 1 cdta de polvo de hornear
- ½ cdta de bicarbonato de sodio
- 130 g de manteca pomada
- 80 g de azúcar negra
- 1 huevo, a temperatura ambiente
- 1 cdta de extracto natural de vainilla
- 80 ml de leche, a temperatura ambiente
- 50 g de chispas de chocolate fundidas y a temperatura ambiente
- 200 ml de crema de leche con 4 cdas de salsa de caramelo

Para la salsa de caramelo
- 150 g de azúcar
- 200 ml de crema de leche

PREPARACIÓN

1. Precalentar el horno a 180° C. Forrar dos placas para horno con papel manteca o placa de silicona.

2. Sobre un bol, cernir la harina, el polvo de hornear, el bicarbonato, el cacao y reservar. En otro bol mediano, batir la manteca y el azúcar hasta que se forme una pasta ligera y cremosa.

3. Agregar el huevo y el extracto de vainilla y mezclar bien. Incorporar la mezcla de harina en tres adiciones, intercalando con la leche y comenzando y terminando con la harina. Mezclar bien.

4. Por último, añadir el chocolate fundido y batir hasta homogeneizar.

5. Transferir la mezcla a una manga con boquilla n° 14 y formar copos de 2,5 centímetros de diámetro sobre el papel manteca, dejando 4 cm de espacio entre cada uno.

6. Cocinar en horno precalentado por 12 minutos, girando la bandeja a los 8 minutos para lograr una cocción pareja.

7. Retirar, dejar enfriar unos minutos y transferir las whoopies a una rejilla de enfriado.

8. Batir la crema a medio punto y agregar la salsa de caramelo, continuar batiendo por algunos minutos, cuidando que no se corte.

Para el relleno: Colocar la crema en una manga con boquilla rizada, tomar una de las tapas y rellenar con la crema de caramelo, tapar con otra whoopie a modo de sandwich haciendo una leve presión.

Para la salsa de caramelo: Colocar el azúcar en una cacerola y llevar a fuego suave hasta que se forme un caramelo rubio.

2. Agregar lentamente la crema, con cuidado, ya que puede hervir de golpe. Mezclar hasta que estén integrados los dos ingredientes.

3. Colocar en frascos esterilizados, mientras esté caliente. Se conserva así hasta tres meses en un lugar fresco y seco.

Whoopies Selva Negra

La clásica Selva Negra convertida en una whoopie, todo su encanto en un pequeño y delicado bocado.

INGREDIENTES

- 200 g de harina 0000
- 50 g de cacao amargo
- 1 cdta de polvo de hornear
- ½ cdta de bicarbonato de sodio
- 120 g de manteca pomada
- 110 g de azúcar negra
- 1 huevo grande, a temperatura ambiente
- 1 cdta de extracto de vainilla
- 80 ml de leche, a temperatura ambiente
- 30 g de nueces, picadas fino
- 1 taza de crema doble, montada con 3 cdas de azúcar y 1 cdta de kirsch
- ½ taza de cerezas al marrasquino
- Virutas de chocolate amargo, para decorar

PREPARACIÓN

1. Precalentar el horno a 180° C. Forrar dos placas para horno con papel manteca o placa de silicona.
2. Sobre un bol, cernir la harina, el polvo de hornear, el bicarbonato, el cacao y reservar.
3. En un bol mediano, batir la manteca y el azúcar hasta que se forme una pasta ligera y cremosa.
4. Agregar el huevo y el extracto de vainilla y mezclar bien.
5. Incorporar la mezcla de harina en tres adiciones, intercalando con la leche y comenzando y terminando con la harina. Mezclar bien.
6. Por último, agregar las nueces mezclando con espátula.
7. Colocar la masa en una manga descartable con boquilla lisa n°14 y hacer copos de 2,5 centímetros de diámetro sobre el papel manteca, dejando 4 cm de espacio entre cada uno.
8. Llevar al horno por 12 minutos, girando la bandeja a los 8 minutos para lograr una cocción pareja.
9. Retirar, dejar enfriar por algunos instantes y transferir las whoopies a una rejilla de enfriado.
10. Colocar la crema montada en una manga con boquilla rizada, hacer copos de crema sobre una de las tapas y colocar una cereza cortada a la mitad encima, cubrir con otra tapa a modo de sandwich. Terminar con un copo de crema y algunas virutas de chocolate.

Nota: *Reservar las tapas en recipiente hermético en heladera hasta tres días. Decorar el mismo día que serán consumidas.*

Whoopies de chocolate amargo y ganache de dulce de leche

Son el bocado ideal para acompañar un rico café.
De sabor intenso y textura cremosa.
Pueden ser el centro de una mesa dulce por derecho propio.

INGREDIENTES

- 150 g de harina 0000
- 60 g de cacao en polvo
- 1 cdta de polvo de hornear
- ½ cdta de bicarbonato de sodio
- 100 g de manteca pomada
- 100 g de azúcar negra
- 1 huevo, a temperatura ambiente
- 1 cdta de extracto de vainilla
- 80 ml de buttermilk (suero de leche), (ver receta en pág. 16)
- 1 taza de ganache de dulce de leche, a temperatura ambiente (ver receta en pág. 19)

PREPARACIÓN

1. Precalentar el horno a 180° C. Forrar dos placas para horno con papel manteca o placa de silicona.
2. Sobre un bol mediano cernir la harina, el polvo de hornear, el bicarbonato, el cacao y reservar.
3. En otro bol mediano, batir la manteca y el azúcar hasta que se forme una pasta ligera y cremosa.
4. Agregar el huevo y el extracto de vainilla y mezclar bien.
5. Bajar la velocidad de la batidora e incorporar la mezcla de harina en tres adiciones, intercalando con la leche y comenzando y terminando con la harina. Mezclar bien.
6. Colocar la mezcla en una manga con boquilla rizada y hacer copos espiralados de 2,5 centímetros de diámetro sobre el papel manteca, dejando 4 cm de espacio entre cada uno.
7. Cocinar en horno precalentado por 12 minutos, girando la bandeja a los 8 minutos para lograr una cocción pareja.
8. Retirar, dejar enfriar por algunos instantes y transferir las whoopies a una rejilla de enfriado.
9. Colocar la ganache en una manga con boquilla rizada, tomar una de las tapas y hacer un copo girando la manga al mismo tiempo que se presiona, tapar con otra whoopie haciendo una leve presión.
Nota: *Reservar en recipiente hermético en heladera hasta tres días, retirar algunos minutos antes de servir.*

Whoopies de miel y chocolate

Estas whoopies son elegantes y a la vez tentadoras.
Una combinación justa de sabores.
Miel, chocolate y dulce de leche.

INGREDIENTES
- 150 g de harina 0000
- 1 cdta de polvo de hornear
- ½ cdta de bicarbonato de sodio
- 125 g de manteca pomada
- 70 g de azúcar negra
- 2 cdas de miel
- 1 huevo, a temperatura ambiente
- 1 cdta de extracto de vainilla
- 80 ml de leche a temperatura ambiente
- 150 g de chocolate con leche para baño de repostería, fundido
- 1 taza de ganache de chocolate y dulce de leche (ver receta en pág. 19)

PREPARACIÓN
1. Precalentar el horno a 180° C. Forrar dos placas para horno con papel manteca o placa de silicona.
2. Sobre un bol, cernir la harina, el polvo de hornear, el bicarbonato y reservar.
3. En otro bol mediano, batir la manteca y el azúcar hasta que se forme una pasta ligera y cremosa.
4. Agregar el huevo, la miel, el extracto de vainilla y mezclar bien.
5. Incorporar la mezcla de harina en tres adiciones, intercalando con la leche y comenzando y terminando con la harina. Mezclar bien.
6. Colocar la mezcla en una manga descartable con boquilla lisa n°14 y hacer medallones planos de unos 3 centímetros de diámetro sobre el papel manteca o placa de silicona, dejando 4 cm de espacio entre cada uno.
7. Cocinar en horno precalentado por 12 minutos, girando la bandeja a los 8 minutos para lograr una cocción pareja.
8. Retirar, dejar enfriar por algunos instantes y transferir las whoopies a una rejilla de enfriado.
9. Fundir el chocolate a baño de María, mientras esté aun caliente, bañar las tapas hasta la mitad y dejar secar sobre papel manteca.
10. Una vez secas, colocar la ganache en una manga con boquilla rizada y hacer una copo mientras se gira al mismo tiempo, cubrir con otra tapa formando un sandwich.
Nota: *Conservar en recipiente hermético en heladera durante tres días, retirar algunos minutos antes de servir.*

Whoopies María Antonieta

*Dignas de una reina, estas whoopies pueden hacer
que cualquier mesa dulce luzca como de la realeza.
Pueden decorarse algunos días antes del evento
y así tenerlas listas con anterioridad.*

INGREDIENTES

- 300 g de harina 0000
- 1 cdta de polvo de hornear
- ½ cdta de bicarbonato de sodio
- 125 g de manteca pomada
- 160 g de azúcar
- 1 huevo, a temperatura ambiente
- 1 ½ cdta de extracto de vainilla
- 150 ml de leche, a temperatura ambiente
- 1 taza de crema, montada con 3 cdas de azúcar y 10 frambuesas pisadas

Para la cobertura

- 1 paquete de ½ kg de pasta para cubrir tortas sabor vainilla
- Colorantes comestibles rosa y celeste
- Glasé real, cantidad necesaria (ver receta en pág. 17)
- Fécula de maíz, cantidad necesaria

PREPARACIÓN

1. Precalentar el horno a 180° C. Preparar dos placas con papel manteca.

2. Sobre un bol, cernir harina, polvo de hornear y bicarbonato.

3. En otro bol, batir manteca y azúcar hasta que se forme una pasta suave.

4. Agregar huevo y extracto de vainilla y mezclar bien.

5. Incorporar la mezcla de harina en tres adiciones, intercalando con la leche y comenzando y terminando con la harina.

6. Transferir la mezcla a una manga con boquilla lisa n° 14 y hacer copos de 2,5 cm de diámetro sobre el papel manteca, dejando 4 cm de espacio entre cada uno.

7. Cocinar en horno precalentado 12 minutos, girando la bandeja a los 8 minutos para lograr una cocción pareja.

8. Retirar, dejar enfriar y transferir las whoopies a una rejilla de enfriado.

9. Colocar la crema en una manga con boquilla lisa n° 14, rellenar las whoopies haciendo un copo en el centro y cubrir con una tapa decorada con pasta de forrar. Decorar las tapas previamente.

Para la cobertura: Separar la pasta de cubrir tortas en tres partes iguales, espolvorear la mesada con fécula de maíz para que no se pegue y amasar hasta que se ablande y se vuelva maleable.

2. Agregar una pizca de colorante artificial rosa sobre una porción; celeste, sobre otra; y dejar una blanca, sin colorante. Volver a amasar hasta integrar el color.

3. Modelar flores blancas y rosadas a partir de moldes de silicona, reservar.

4. Estirar la pasta celeste con palote hasta que tenga 4 mm de epesor y cortar con cortapasta redondo.

5. Untar la superficie de las whoopies con una capa fina de dulce de leche y pegar los círculos celestes cubriéndolas.

6. Pegar las rosas con glasé real blanco y decorar.

Nota: *Conservar refrigeradas en recipiente hermético hasta cuatro días, retirar algunos minutos antes de servir.*

Funny Whoopies

A la hora de agasajar a los más pequeños, estos divertidos pasteles los dejarán con la boca abierta. Son más sabrosas si se preparan el día anterior.

INGREDIENTES

- 150 g de harina 0000
- 30 g de cacao amargo
- 1 cdta de polvo de hornear
- ½ cdta de bicarbonato de sodio
- 100 g de manteca pomada
- 110 g de azúcar negra
- 1 huevo a temperatura ambiente
- 1 cdta de extracto de vainilla
- 80 ml de buttermilk (suero de leche), ver receta en pág. 16)
- 1 taza de frosting de malvaviscos blancos (ver receta en pág. 20)
- Confites de colores, para decorar

PREPARACIÓN

1. Precalentar el horno a 180° C. Forrar dos placas con papel manteca.
2. Sobre un bol, cernir harina, polvo de hornear, bicarbonato y el cacao.
3. En otro bol, batir manteca y azúcar hasta formar una pasta ligera y cremosa.
4. Agregar el huevo y el extracto de vainilla, mezclar.
5. Bajar la velocidad y agregar la mezcla de harina en tres adiciones intercalando con el buttermilk. Comenzando y terminando con la harina. Mezclar bien.
6. Transferir la masa a una manga con boquilla lisa n° 14, formar copos de tres centímetros de diámetro sobre el papel manteca, dejando 4 cm de espacio entre cada uno.
7. Cocinar en horno precalentado 12 minutos, girando la bandeja a los 8 minutos para lograr una cocción pareja.
8. Retirar, dejar enfriar sobre rejilla.
9. Con la ayuda de dos cucharas, colocar el frosting sobre una de las tapas y cubrir con otra a modo de sandwich. Rodar las whoopies por los confites de colores.

Nota: *Reservar en recipiente hermético en heladera hasta tres días, retirar algunos minutos antes de servir.*

Whoopies festivas de frutillas

Esta receta es ideal para un desayuno de Navidad, fresco y liviano. Después de una noche de comer mucho, nada mejor que desayunar con frutas y jalea.

INGREDIENTES

250 g de harina 0000
- 1 cdta de polvo de hornear
- ½ cdta de bicarbonato de sodio
- 120 g de manteca pomada
- 160 g de azúcar
- 1 huevo a temperatura ambiente
- 1 cdta de extracto de vainilla
- 150 ml de leche, a temperatura ambiente
- ½ taza de frutillas, picadas fino
- 1 taza de jalea o mermelada de frutillas

Utensilios

- Moldes para horno con forma de estrella (o en su defecto, cortantes con forma de estrella)

PREPARACIÓN

1. Precalentar el horno a 180° C. Forrar dos placas con papel manteca.

2. Sobre un bol, cernir harina, polvo de hornear y bicarbonato.

3. En otro bol, batir manteca y azúcar hasta que se forme una pasta suave.

4. Agregar el huevo y el extracto de vainilla, mezclar.

5. Incorporar la mezcla de harina en tres adiciones, intercalando con la leche y comenzando y terminando con la harina.

6. Incorporar las frutillas picadas, mezclar.

7. Enmantecar y enharinar moldes para horno con forma de estrella, llenarlos hasta la mitad.

8. Cocinar en horno precalentado 15 minutos, girando la bandeja a los 8 minutos para lograr una cocción pareja.

9. Retirar, dejar enfriar sobre rejilla.

10. Untar las tapas con la jalea y tapar con otra whoopie a modo de sandwich, espolvorear con azúcar impalpable.

Nota: *Conservar refrigeradas en recipiente hermético hasta cuatro días, retirar algunos minutos antes de servir.*

Whoopies Navideñas

Decorar con glasé real puede parecer fácil, pero si se le agrega un toque de imaginación y delicadeza, esta técnica convierte cualquier cookie en una joya. Utilizar patrones de copos de nieve o filigranas las harán más festivas aún.

INGREDIENTES

- 300 g de harina 0000
- 1 cdta de polvo de hornear
- ½ cdta de bicarbonato de sodio
- 1 cdta de canela en polvo
- ½ cdta de jengibre molido
- 125 g de manteca pomada
- 165 g de azúcar
- 1 huevo, a temperatura ambiente
- 1 cdta de extracto de vainilla
- 150 ml de leche , a temperatura ambiente
- 1 taza de crema de malvaviscos blancos (ver receta en pág. 20)
- 1 taza de glasé real (ver receta en pág. 18)
- Azúcar granulada para espolvorear

PREPARACIÓN

1. Precalentar el horno a 180°. Preparar dos placas con papel manteca.
2. Sobre un bol, cernir harina, polvo de hornear, especias y bicarbonato.
3. En otro bol, batir manteca y azúcar hasta formar una pasta suave.
4. Agregar el huevo, el extracto de vainilla y mezclar bien.
5. Incorporar la mezcla de harina en tres adiciones, intercalando con la leche y comenzando y terminando con la harina.
6. Colocar la mezcla en una manga con boquilla lisa n°14, hacer copos de 3 cm de diámetro sobre el papel manteca, dejando 4 cm de espacio entre cada uno.
7. Cocinar en horno precalentado 12 minutos, girando la bandeja a los 8 minutos para lograr una cocción pareja.
8. Retirar, dejar enfriar sobre rejilla.
9. Colocar el glasé en una manga con pico liso súper fino y decorar la mitad de las tapas. Espolvorear con azúcar mientras el glasé este húmedo aun.
10. Colocar la crema de malvaviscos en una manga con pico liso n°14 y rellenar las whoopies generosamente.

Nota: *Conservar refrigeradas en recipiente hermético hasta cuatro días, retirar algunos minutos antes de servir.*

Whoopies de chocolate con helado de frambuesas

¿Qué niño no desea que su madre le prepare helado en casa? y si este helado está encerrado entre dos tapas de deliciosa torta de chocolate, mucho mejor. Hacer helado en casa no depende necesariamente de una maquina, solo hay que retirarlo cada tanto darle una buena batida y así romper los cristales de agua. ¡De este modo podrán obtener el más rico y económico de los helados!

INGREDIENTES

- Una cantidad de masa de whoopies de chocolate preparada como indica la receta de la pág. 76

Para el helado de frambuesas
- 3 ½ tazas de frambuesas frescas o congeladas
- 1 taza de azúcar
- 2 tazas (480 ml) de agua
- El jugo y la ralladura de ½ limón

PREPARACIÓN

1. Colocar todos los ingredientes en una olla mediana con fondo pesado.
2. Llevarla a fuego fuerte hasta que rompa hervor, revolviendo para que no se quemen los bordes.
3. Cuando comience a hervir, bajar el fuego a mínimo y cocinar durante 10 minutos.
4. Retirar y dejar enfriar por completo.
5. Una vez frío, procesar hasta lograr un puré bien fino.
6. Colocar en bol de acero y llevar al freezer. Retirar cada ½ hora y volver a procesar. Repetir el procedimiento durante dos horas. Cuando la preparación comience a solidificarse, transferir a un recipiente metálico alargado (puede ser una budinera) y dejarla congelar por completo.
7. Retirar algunos minutos antes de servir.
8. Servir con una cuchara de helados y presentarlas a modo de sandwich entre las dos tapas de whoopies de chocolate. Servir inmediatamente.

Halloween Whoopies

Festejar Noche de Brujas es una costumbre que los más chicos les fascina. A ellos les encanta disfrazarse y preparar cosas ricas y espantosas para esta fecha tan especial.

INGREDIENTES

- 210g de harina 0000
- 50g de cacao amargo
- 1 cdta de polvo de hornear
- ½ cdta de bicarbonato de sodio
- 125 g de manteca pomada
- 120g de azúcar rubia
- 1 huevo, a temperatura ambiente
- 1 cdta de extracto de vainilla
- 140ml de leche, a temperatura ambiente
- 50g de chocolate fundido
- 1 taza de ganache de chocolate, a temperatura ambiente
- Confites de chocolate color marrón y naranja, para decorar

PREPARACIÓN

1. Precalentar el horno a 180° C. Forrar dos placas con papel manteca.

2. Sobre un bol, cernir harina, polvo de hornear, bicarbonato y el cacao.

3. En otro bol, batir manteca y azúcar hasta formar una pasta ligera y cremosa.

4. Agregar el huevo y el extracto de vainilla, mezclar.

5. Bajar la velocidad e incorporar la mezcla de harina en tres adiciones, intercalando con la leche y comenzando y terminando con la harina.

6. Por último, incorporar el chocolate fundido con espátula.

7. Colocar la masa en una manga descartable con boquilla lisa n° 14 y formar copos de tres centímetros de diámetro sobre el papel manteca, dejando 4 cm de espacio entre cada uno. Decorar con los confites, en crudo.

8. Cocinar en horno precalentado 12 minutos, girando la bandeja a los 8 minutos para lograr una cocción pareja.

9. Retirar, dejar enfriar sobre rejilla.

10. Con la ayuda de un cuchillo, untar la ganache sobre una de las tapas y cubrir con otra a modo de sandwich.

Nota: *Reservar en recipiente hermético en heladera hasta tres días, retirar algunos minutos antes de servir.*

Stick Whoopies Pies

*Muy similares al Palo de Jacob, distan de él
en su textura, de masa esponjosa y suculenta,
el relleno de crema y frutillas lo convierte mi favorito.*

INGREDIENTES

- 270 g de harina 0000
- 1 cdta de polvo de hornear
- ½ cdta de bicarbonato de sodio
- 125 g de manteca, pomada
- 160 g de azúcar
- 1 huevo a temperatura ambiente
- 1 cdta de extracto de vainilla
- 150 ml de leche, a temperatura ambiente
- ½ taza de frutillas picadas fino, más cantidad extra para rellenar
- Chocolate con leche fundido, para bañar
- 1 taza de crema, batida con 3 cdas de azúcar
- ½ taza de pistachos picados, para decorar

PREPARACIÓN

1. Precalentar el horno a 180° C. Forrar dos placas con papel manteca.
2. Sobre un bol, cernir harina, polvo de hornear y bicarbonato.
3. En otro bol, batir manteca y azúcar hasta que se forme una pasta suave.
4. Agregar el huevo y el extracto de vainilla.
5. Incorporar la mezcla de harina en tres adiciones, intercalando con la leche y comenzando y terminando con la harina.
6. Incorporar las frutillas picadas, mezclar.
7. Colocar la masa en una manga con boquilla lisa n° 14, hacer bastones de 8 cm de largo, sobre el papel manteca, dejando 4 cm de espacio entre cada uno.
8. Cocinar en horno precalentado 12 minutos, girando la bandeja a los 8 minutos para lograr una cocción pareja.
9. Retirar, dejar enfriar sobre rejilla.
10. Bañar la mitad de las tapas con chocolate y decorar con pistachos. Dejar secar.
11. Colocar la crema batida en una manga con boquilla rizada y rellenar las whoopies, colocar frutillas fileteadas encima de la crema y cubrir con las tapas decoradas.

Nota: *Conservar refrigeradas en recipiente hermético hasta cuatro días, retirar algunos minutos antes de servir.*

Trifle Whoopies

*Nada más refrescante después de una deliciosa cena,
que un postre en copa, fresco y cremoso.
Una ingeniosa adaptación de las whoopies, para armar
un postre práctico y vistoso a la hora de recibir en casa.*

INGREDIENTES (para 6 vasos)
- ½ taza de mermelada de frutillas
- 200 g de frutillas frescas, bien lavadas y sin sus cabos, cortadas en cubos
- 100 g de frutillas fileteadas
- 2 tazas de crema, batida con 6 cdas de azúcar
- 12 tapas de whoopies de vainilla, preparadas como indica la receta de la pág. 42
- Almíbar, para humedecer las tapas
- Frutillas pequeñas y arándanos enteros, para decorar

PREPARACIÓN

1. Colocar una capa fina de mermelada de frutillas, luego alinear las frutillas fileteadas contra las paredes del vaso.

2. Ubicar encima una capa de crema, unos 2 cm de alto.

3. Disponer sobre la crema una tapa, previamente humedecida con un poco de almíbar, presionar.

4. Untar con mermelada de frutillas y cubrir con frutillas en cubos, rellenar con crema y terminar con otra whoopie humedecida en almíbar.

6. Reservar en heladera, justo antes de servir. Decorar con copos de crema y frutos frescos.

Whoopie Pops

De la familia de los cakepops, pero más suculentos aún, ya que su interior esconde una gruesa capa de dulce de leche. Son perfectos para decorar mesas infantiles o para suvenires.

INGREDIENTES

- 150 g de harina 0000
- 30 g de cacao amargo
- 1 cdta de polvo de hornear
- ½ cdta de bicarbonato de sodio
- 110 g de manteca, pomada
- 110 g de azúcar negra
- 1 huevo, a temperatura ambiente
- 1 cdta de extracto de vainilla
- 80 ml de leche, a temperatura ambiente
- 1 taza de dulce de leche repostero
- 1 taza de chocolate blanco, para bañar
- Granas para decorar

Utensilios
- Palitos para chupetines

PREPARACIÓN

1. Precalentar el horno a 180° C. Forrar dos placas con papel manteca.
2. Sobre un bol, cernir harina, polvo de hornear, bicarbonato y cacao.
3. En otro bol, batir manteca y azúcar hasta formar una pasta ligera y cremosa.
4. Agregar el huevo y el extracto de vainilla, mezclar.
5. Incorporar la mezcla de harina en tres adiciones, intercalando con la leche y comenzando y terminando con la harina.
6. Colocar la masa en una manga descartable con boquilla lisa n° 14 y formar copos de 2,5 cm de diámetro sobre el papel manteca, dejando 4 cm de espacio entre cada uno.
7. Cocinar en horno precalentado 12 minutos, girando la bandeja a los 8 minutos para lograr una cocción pareja.
8. Retirar, dejar enfriar sobre rejilla.
9. Untar el dulce de leche sobre una de las tapas, insertar un palito de chupetín en el centro y cubrir con otra tapa a modo de sandwich. Refrigerar en el freezer 30 minutos.
10. Fundir el chocolate y colocarlo en un recipiente chico, un poco profundo.
11. Retirar los pops del freezer y, tomándolos por el palito, bañarlos de ambos lados. Decorar con las granas. Dejar secar, sin apoyarlos.

Nota: *Reservar en recipiente hermético en heladera hasta tres días, retirar algunos minutos antes de servir.*

Super 4 capas Whoopies del bosque

Preparando whoopies gigantes podemos lograr tortas deliciosas y muy vistosas, respetando el orden de las capas como si fueran dos grandes whoopies apiladas, quedará increíble. Solo la imaginación es el límite para lograr infinitas combinaciones de sabores y colores.

INGREDIENTES

- 300 g de harina 0000
- 80 g de cacao amargo
- 1 ½ cdta de polvo de hornear
- ½ cdta de bicarbonato de sodio
- 210 g de manteca pomada
- 190 g de azúcar negra
- 2 huevos, a temperatura ambiente
- 1 ½ cdta de extracto de vainilla
- 150 ml de leche, a temperatura ambiente
- 350g crema doble, batida con 8 cdas de azúcar
- 200 g de frambuesas, frescas o congeladas
- 200 g de arándanos, frescos o congelados
- Astillas de chocolate para decorar

PREPARACIÓN

1. Precalentar el horno a 180° C. Forrar dos placas con papel manteca.
2. Sobre un bol, cernir harina, polvo de hornear, bicarbonato y cacao.
3. En otro bol, batir manteca y azúcar hasta formar una pasta ligera y cremosa.
4. Agregar los huevos y el extracto de vainilla, mezclar.
5. Bajar la velocidad y Incorporar la mezcla de harina en tres adiciones, intercalando con la leche y comenzando y terminando con la harina.
6. Transferir la masa a una manga con boquilla lisa n°14 y formar dos discos de 14 cm de diámetro sobre cada lámina de papel manteca, dejando 4 cm de espacio entre cada uno.
7. Cocinar en horno precalentado por 18 minutos, girando la bandeja a los 10 minutos para lograr una cocción pareja.
8. Retirar, dejar enfriar sobre rejilla.
9. Montar las capas directamente sobre el plato de torta.
10. Colocar la primera tapa con el lado abultado hacia abajo. Untar con una capa de crema y distribuir frambuesas y arándanos encima. Disponer encima la otra tapa, con el lado abultado hacia arriba, cubrir con crema, frambuesas y arándanos. Repetir el procedimiento con las tapas restantes.
11. Para finalizar decorar con más crema, frambuesas, arándanos y astillas de chocolate.

Nota: *Esta torta debe prepararse unas horas antes de servirla. Pueden reemplazarse las frambuesas por cualquier fruto rojo de estación.*

Super Whoopies multicolor

Esta es una manera diferente de presentar una torta de cumpleaños, divertida y colorida. Con tapas de whoopies de vainilla y una esponjosa crema de malvavisco, seguramente ningún niño se resistirá!

INGREDIENTES

- 300 g de harina 0000
- 1 ½ cdta de polvo de hornear
- ½ cdta de bicarbonato de sodio
- 125 g de manteca pomada
- 160 g de azúcar
- 1 huevo, a temperatura ambiente
- 1 cdta de extracto de vainilla
- 150 ml de leche, a temperatura ambiente
- 1 cantidad de crema de malvaviscos rosados
- ½ taza de mermelada de frutillas
- Granas para decorar a elección

PREPARACIÓN

1. Sobre un bol, cernir harina, polvo de hornear y bicarbonato, reservar.
2. En otro bol, batir manteca y azúcar hasta formar una pasta ligera y cremosa.
3. Agregar el huevo y el extracto de vainilla, mezclar.
4. Incorporar la mezcla de harina en tres adiciones, intercalando con la leche y comenzando y terminando con la harina.
5. Transferir la masa a una manga con boquilla lisa n°14 y hacer dos discos de 14 cm de diámetro sobre cada papel manteca, cuatro discos en total, dejando 4 cm de espacio entre cada uno.
6. Cocinar en horno precalentado 16 minutos, girando la bandeja a los 10 minutos para lograr una cocción pareja.
7. Retirar, dejar enfriar sobre rejilla.
8. Montar las capas directamente sobre el plato de torta. Colocar la primera tapa con el lado abultado hacia abajo, untarla con mermelada y una capa de crema de malvaviscos, disponer encima la otra tapa con el lado abultado hacia arriba a modo de sandwich. Repetir el procedimiento con las tapas siguientes. Terminar con otra tapa con la panza hacia arriba.
9. Para finalizar, decorar con crema de malvaviscos y granas de colores.

Índice

Cute

Cute Ediciones
Agüero 1481, Ciudad de Buenos Aires, Argentina (1425)

Sar, Virginia
    Whoopies : 55 recetas de mini alfajores para sorprender . - 1a ed. - Buenos Aires : Cute Ediciones, 2011.
132 p. ; 17x24 cm.

ISBN 978-987-27297-1-4

1. Repostería. I. Título
CDD 641.86

Fecha de catalogación: 02/11/2011

Diseño de tapa e interior: Angeles Martínez
Fotografía y estilismo: Virginia Sar

ISBN: 978-987-27297-1-4

Hecho el depósito que marca la ley 11.723
Impreso en Argentina
Esta primera edición de 4.000 ejemplares se terminó de imprimir en Artes Gráficas Buschi, Ferré 2250,
Ciudad de Buenos Aires.

www.cuteediciones.com.ar